위풍당당
고사성어
자신만만
국어왕

고전으로 보는 사자성어
위풍당당 고사성어 자신만만 국어왕

글 남상욱 | **그림** 박정인
펴낸날 1판 1쇄 2012년 12월 10일, 1판 6쇄 2013년 1월 20일
　　　　2판 1쇄 2013년 3월 10일, 2판 12쇄 2024년 1월 26일
펴낸이 이재성 | **기획·편집** 고성윤 | **디자인** 이원자 | **영업·마케팅** 오정훈, 김미랑
펴낸곳 루크하우스 | **주소** 서울시 서초구 사임당로 50 해양빌딩 504호 | **전화** 02)468-5057 | **팩스** 02)468-5051
출판등록 2010년 12월 15일 제2010-59호
www.lukhouse.com　cafe.naver.com/lukhouse

ⓒ 남상욱, 박정인 2012
저작권자의 동의 없이 무단 복제 및 전재를 금합니다.

ISBN 978-89-97174-42-3 63710

※ 잘못된 책은 구입처에서 바꾸어 드립니다.
※ 값은 뒤표지에 있습니다.

상상의집은 (주)루크하우스의 아동출판 브랜드입니다.

고전으로 보는 사자성어

위풍당당 고사성어 자신만만 국어왕

글 남상욱
그림 박정인

상상의집

세상을 뚜렷하게 바라보는 힘, 고사성어!

격세지감, 계륵, 부화뇌동, 안빈낙도, 천재일우…….

마치 주문처럼 보이는 아리송한 말들이죠? 뜻이 있긴 한 걸까, 하는 의문이 들어요. 하지만 이 말들에는 모두 놀라운 이야기들이 숨어 있답니다. 이러한 말들을 고사성어라고 불러요.

고사성어(故事成語)란 '옛 이야기에서 유래한 말'이라는 뜻을 지니고 있어요. 과거에 실제로 있었던 일, 또는 신화나 설화에서 배울 수 있는 교훈을 한자로 정리한 것이죠. 대개는 네 글자로 만들어지기 때문에 사자성어(四字成語)라고 부르기도 해요. 물론 앞에서 나온 '계륵'처럼 두 글자나 세 글자, 또는 다섯 글자 이상으로 이루어진 고사성어도 있지요. 또 한자로 이루어진 단어라는 것에서 짐작할 수 있듯이, 고사성어는 옛날 중국에서 일어난 일을 다루고 있어요. 그렇다고 잘 알지도 못하는 중국의 역사 이야기만 하면 재미없겠죠? 이 책에서는 어린이들이 꼭 알아야 할 고사성어를 동서양의 고전을 통해 자연스럽게 익히도록 했습니다.

『그리스 로마 신화』의 영웅인 헤라클레스 이야기에서 '설상가상'의 의미를 깨닫고, 『삼국유사』에서 나오는 선덕여왕의 지혜를 배우며 '선견지명'이 어느 상황에 쓰는 말인지 배웁니다. 여기에는 두 가지 이유가 있

어요. 첫째로, 고사성어가 고리타분한 옛날 말이 아니라 현재 어느 곳에서나 사용할 수 있는, 생생하게 살아 있는 말이라는 걸 느끼게 해 주고 싶었죠. 둘째로, 제목은 한 번쯤 들어봤지만 읽을 엄두가 나지 않던 동서양의 고전들이 얼마나 재미있는 이야기인지 알려주고 싶었어요. 이런 상황을 바로 일석이조(一石二鳥), '돌 하나로 새 두 마리를 잡는다.'라고 해요.

고사성어의 가장 큰 장점은 뚜렷함에 있어요. 그래서 새로운 한 해가 시작될 때, 각 분야의 리더들이 올해의 고사성어를 정하지요. 우리의 현재 상황과 함께 한 해의 계획을 하나의 단어로 표현하는 거예요. 여러분도 이 책을 다 읽고 나면, 자기 앞에 놓인 상황을 하나의 고사성어로 표현해 낼 수 있을 거예요.

이처럼 고사성어를 안다는 것은 세상을 뚜렷하게 바라볼 수 있는 힘, 즉 통찰력을 가진다는 뜻이에요. 냉철한 통찰력을 가지려면, 일단 책장부터 넘겨야겠죠?

흥미진진 고전을 읽다 보면 어느새 알게 되는 자신만만 고사성어의 세계로 출발하자고요!

차례

1 각골난망　10
동화 : 은혜 갚은 장 발장
깊이 읽기 : <레 미제라블>속 각 골 난 망

2 감언이설　14
동화 : 딸들의 달콤한 말에 속은 리어 왕
깊이 읽기 : <리어 왕>속 감 언 이 설

3 격세지감　18
동화 : 20년 만에 고향으로 돌아온 오디세우스
깊이 읽기 : <오디세이>속 격 세 지 감

4 계륵　22
동화 : 조조의 고민
깊이 읽기 : <삼국지>속 계 륵

5 고진감래　26
동화 : 끝까지 이몽룡을 믿은 춘향이
깊이 읽기 : <춘향전>속 고 진 감 래

6 과유불급　30
동화 : 황금 때문에 굶어 죽게 된 미다스 왕
깊이 읽기 : <그리스 로마 신화>속 과 유 불 급

7 군계일학　34
동화 : 화웅의 목을 벤 관운장
깊이 읽기 : <삼국지>속 군 계 일 학

8 금의환향　38
동화 : 심 봉사, 눈을 뜨다!
깊이 읽기 : <심청전>속 금 의 환 향

9 노심초사　42
동화 : 사과를 맞혀야 하는 빌헬름 텔
깊이 읽기 : <빌헬름 텔>속 노 심 초 사

10 다다익선　46
동화 : 모하메드와 은화 다섯 닢
깊이 읽기 : <아라비안나이트>속 다 다 익 선

11 대기만성　50
동화 : 불량배의 가랑이 사이를 기어서 지나간 한신
깊이 읽기 : <초한지>속 대 기 만 성

12 대동소이　54
동화 : 맹자가 위나라의 혜왕을 일깨우다
깊이 읽기 : <맹자>속 대 동 소 이

13 동병상련 58
동화 : 벼룩과 생쥐
깊이 읽기 : <아라비안나이트>속 동 병 상 련

14 모순 62
동화 : 살 1파운드를 받으려 한 고리대금업자 샤일록
깊이 읽기 : <베니스의 상인>속 모 순

15 부화뇌동 66
동화 : 제비 다리를 부러뜨린 놀부
깊이 읽기 : <흥부가>속 부 화 뇌 동

16 사면초가 70
동화 : 사방에서 들리는 초나라의 노랫소리
깊이 읽기 : <초한지>속 사 면 초 가

17 사상누각 74
동화 : 석가모니를 배신한 데바닷타
깊이 읽기 : <법구경>속 사 상 누 각

18 사필귀정 78
동화 : 한날한시에 세 아들을 잃은 과양생이 부부
깊이 읽기 : <우리 신화 이야기>속 사 필 귀 정

19 살신성인 82
동화 : 화랑 김현이 호랑이를 죽이다
깊이 읽기 : <삼국유사>속 살 신 성 인

20 삼고초려 86
동화 : 세 번이나 제갈공명을 찾아간 유비
깊이 읽기 : <삼국지>속 삼 고 초 려

21 새옹지마 90
동화 : 오이디푸스 왕의 운명
깊이 읽기 : <그리스 로마 신화>속 새 옹 지 마

22 선견지명 94
동화 : 선덕여왕의 지혜
깊이 읽기 : <삼국유사>속 선 견 지 명

23 설상가상 98
동화 : 헤라클레스의 열두 가지 고난
깊이 읽기 : <그리스 로마 신화>속 설 상 가 상

24 수수방관 102
동화 : 아버지를 위해 저승으로 간 바리공주
깊이 읽기 : <바리공주 설화>속 수 수 방 관

25 안빈낙도 106
동화 : 알렉산더 대왕이 부러워한 단 한 사람
깊이 읽기 : <플루타르크 영웅전>속 안 빈 낙 도

26 안하무인 110
동화 : 석가여래에게 붙잡힌 손오공
깊이 읽기 : <서유기>속 안 하 무 인

27 어부지리 114
동화 : 싸우지 않고 이기는 법
깊이 읽기 : <손자병법>속 어 부 지 리

28 언중유골 118
동화 : 홍길동, 집을 떠나 활빈당을 만들다
깊이 읽기 : <홍길동전>속 언 중 유 골

29 외유내강 122
동화 : 자기 집 마당에서 춤을 춘 처용
깊이 읽기 : <삼국유사>속 외 유 내 강

30 용두사미 126
동화 : 꾀부리는 하인과 버터 항아리
깊이 읽기 : <아라비안나이트>속 용 두 사 미

31 용호상박 130
동화 : 아킬레우스와 헥토르의 싸움
깊이 읽기 : <일리아드>속 용 호 상 박

32 우유부단 134
동화 : 죽느냐 사느냐, 고민하는 햄릿
깊이 읽기 : <햄릿>속 우 유 부 단

33 우이독경 138
동화 : 산 위에 방주를 만든 노아
깊이 읽기 : <성경>속 우 이 독 경

34 이구동성 142
동화 : 용에게 납치된 수로부인
깊이 읽기 : <삼국유사>속 이 구 동 성

35 이심전심 146
동화 : 예수님의 목소리를 들은 사도 바울
깊이 읽기 : <성경>속 이 심 전 심

36 일석이조 150
동화 : 조조에게 10만 개의 화살을 빌린 공명
깊이 읽기 : <삼국지>속 일 석 이 조

37 일장춘몽 154
동화 : 조신의 기나긴 꿈
깊이 읽기 : <삼국유사>속 일 장 춘 몽

38 자포자기 158
동화 : 아Q의 정신승리법
깊이 읽기 : <아Q정전>속 자 포 자 기

39 적반하장 162
동화 : 생명의 은인을 죽이려 한 마신
깊이 읽기 : <아라비안나이트>속 적 반 하 장

40 조삼모사 166
동화 : 원숭이와 협상을 한 저공
깊이 읽기 : <장자>속 조 삼 모 사

41 죽마고우 170
동화 : 평생 서로를 믿고 의지한 두 친구
깊이 읽기 : <사기>속 죽 마 고 우

42 천고마비 174
동화 : 천고마비의 진짜 의미
깊이 읽기 : <한서>속 천 고 마 비

43 천재일우 178
동화 : 하늘이 내린 기회를 놓친 아틀라스
깊이 읽기 : <그리스 로마 신화>속 천 재 일 우

44 청출어람 182
동화 : 공자가 가장 사랑한 제자, 안회
깊이 읽기 : <여씨춘추>속 청 출 어 람

45 초지일관 186
동화 : 위대한 갈매기 조나단 리빙스턴
깊이 읽기 : <갈매기의 꿈>속 초 지 일 관

46 타산지석 190
동화 : 중국에서 가장 볼 만한 것
깊이 읽기 : <열하일기>속 타 산 지 석

47 토사구팽 194
동화 : 살아서 고통 받은 영웅들, 죽어서 신선이 되다
깊이 읽기 : <수호지>속 토 사 구 팽

48 파죽지세 198
동화 : 스스로 기사가 된 노인, 돈키호테
깊이 읽기 : <돈키호테>속 파 죽 지 세

49 호가호위 202
동화 : 오르공의 권세를 등에 업은 타르튀프
깊이 읽기 : <타르튀프>속 호 가 호 위

50 화룡점정 206
동화 : 조각상을 사랑한 피그말리온
깊이 읽기 : <그리스 로마 신화>속 화 룡 점 정

- 이 책에 나오는 고사성어 210
- 이 책에 나오는 고전 211

〈레 미제라블〉 속 각골난망

刻 骨 難 忘
새길 뼈 어려울 잊을

각 골 난 망

은혜에 대한 고마움이 뼈에 새길 만큼 잊혀지지 않는 것을 뜻하는 말.

 은혜 갚은 장 발장

프랑스 파리, 가로등도 꺼진 어두운 밤이었어요. 어디선가 시끌벅적한 소리가 들려왔어요.

"그 물건 어디서 났냐고! 훔친 거 맞지?"

소리가 나는 곳을 보니, 경찰 두 명이 덩치 큰 남자를 붙잡고 있었어요. 덩치 큰 남자의 손에는 한눈에 봐도 값비싸 보이는 은촛대가 들려 있었죠. 대체 무슨 일이 벌어진 걸까요?

은촛대를 든 남자의 이름은 장 발장이에요. 그는 19년 동안이나 감옥에 붙잡혀 있다가 얼마 전 풀려났어요. 그가 그토록 오랫동안 감옥에 있었던 이유는 바로 빵 한 덩이를 훔쳤기 때문이에요. 그것도 먹을 게 없어 며칠 동안 배

10

를 곯던 여동생을 보다 못해 한 일이었죠. 하지만 사람들은 아무도 장 발장의 슬픈 사연에는 관심이 없었어요. 도둑질을 하는 건 큰 범죄니까 감옥에 들어가야 한다고만 말했지요.

'굶고 있는 여동생이 가여워서 빵 한 덩이를 훔쳤을 뿐인데, 19년씩이나 나를 가두어 두다니! 이 세상은 잘못 됐어. 난 더 이상 착하게 살지 않을 거야.'

감옥에서 나와 갈 곳 없는 장 발장을 따뜻하게 받아 준 곳은 성당뿐이었어요. 특히 성당의 신부님은 다른 누구보다 따뜻이 그를 대해 줬어요. 하지만 이미 마음에 상처를 입은 장 발장에게는 아무 소용이 없었지요.

'흥, 앞에서는 이렇게 친절하지만, 뒤돌아서면 나를 욕하겠지? 난 범죄자니까. 그래, 차라리 범죄자답게 나쁜 짓을 저지르자!'

그래서 장 발장은 성당에 있던 은촛대를 들고 도망쳐 나온 거예요. 하지만 얼마 가지 못하고 순찰을 돌던 경찰에게 붙잡히고 만 것이었죠.

경찰들은 장 발장을 끌고 성당으로 향했어요. 경찰이 문을 두드리자 곧 신

부님이 나왔어요.

"무슨 일입니까?"

"안녕하세요, 신부님. 여기 이 도둑놈이 은촛대를 훔쳐 도망치는 걸 붙잡았습니다. 이 은촛대가 성당 물건이 맞습니까?"

장 발장은 눈앞이 캄캄했어요. 그 끔찍한 감옥에 또 끌려갈 생각을 하니 차라리 죽는 게 나을 것 같았죠. 그런데, 신부님의 입에서 뜻밖의 말이 나왔어요.

"은촛대가 우리 성당의 물건인 것은 맞습니다. 하지만 도둑이라뇨. 그 은촛대는 제가 장 발장에게 선물한 것입니다."

생각지도 못한 말에 경찰들은 당황했어요. 하지만 그 말에 누구보다 놀란 사람은 바로 장 발장이었어요. 사실 신부님은 장 발장의 억울한 사연을 알고 있었어요. 그리고 그가 세상을 미워한다는 것도 눈치챘었죠. 그래서 장 발장을 위해 선의의 거짓말을 한 것이었어요.

경찰들이 돌아가고 난 후, 장 발장은 신부님의 각골난망할 은혜에 무릎을 꿇었어요. 세상을 살면서 처음으로 받은 따뜻한 마음에 그의 차가운 가슴이 녹아내리며 눈물이 흘렀죠. 장 발장은 신부님께 은혜를 갚는다는 생각으로 불쌍한 사람들을 위해 살겠다고 결심했어요.

<레 미제라블> 속 각 골 난 망

세상 누구도 믿지 않았던 장 발장을 변화시킨 건 바로 신부님의 따뜻한 마음이었어요. 장 발장도 신부님의 은혜를 뼈에 새긴 것처럼 평생 잊지 않고 살았죠. 이처럼 은혜에 대한 고마움이 뼈에 새길 만큼 잊혀지지 않는 것을 각골난망(刻骨難忘)이라고 해요.

고전 깊이 읽기

 프랑스의 변화를 갈망하는 〈레 미제라블〉

　빵 한 조각을 훔친 죄로 감옥에 갇힌 장 발장의 이야기는 많이 들어봤을 거예요. 하지만 장 발장이 나온 책의 제목이 〈레 미제라블〉이라는 건 처음 듣는 사람들이 많을 거예요. 〈레 미제라블〉은 장 발장이라는 주인공을 중심으로 프랑스 혁명을 이야기하는 10권이나 되는 장편 소설이에요.

　그런데 '레 미제라블'이라는 제목의 뜻이 뭔 줄 아세요? 바로 '불쌍한 사람들'이랍니다. 실제로 이 책에는 장 발장 말고도 불쌍한 사람들이 참 많이 나와요. 딸의 병원비를 마련하기 위해 술집에 나가야만 하는 여공 판틴느, 판틴느의 딸로서 어린 나이에 부모를 잃고 고아가 되어 버리는 소녀 코제트, 그리고 가난한 사람들을 무시하는 정부를 상대로 시민 혁명을 일으켰지만 목숨을 잃고 마는 수많은 청년들까지……. 또 '불쌍한 사람들'이라는 제목에는 이 책을 쓴 작가, 빅토르 위고 자신도 포함돼요. 당시 그는 시민들을 위한 공화국을 무시하고 자신이 왕이 되려 한 나폴레옹 3세를 반대하다 프랑스에서 쫓겨나 19년 동안 섬에서 외롭게 지냈어요. 그때 쓴 책이 바로 '레 미제라블'이었던 거죠.

　빅토르 위고는 '불쌍한 사람들'이 바로 프랑스의 진정한 시민들이며, 그런 시민들이 불쌍하게 살았던 당시의 프랑스가 변해야 한다고 이야기하고 싶었던 건지도 몰라요.

<리어 왕> 속 감언이설

甘 言 利 說
달 말씀 이로울 말씀

감언이설

달콤한 말과 좋은 조건을 내세워 남을 유혹하는 말.

 ## 딸들의 달콤한 말에 속은 리어 왕

16세기 영국에 '리어'라는 왕이 살고 있었어요. 그는 뛰어난 힘과 용기로 많은 사람들의 칭송을 받는 훌륭한 왕이었죠. 하지만 그에게는 한 가지 커다란 단점이 있었는데, 바로 성격이 너무 급하다는 거였죠.

리어 왕에게는 세상 누구보다 사랑하는 세 명의 딸이 있었어요. 리어 왕은 80세가 되자, 이 세 딸에게 나라를 삼등분해서 나눠 주기로 결심했죠. 그리고 자신은 딸들의 성을 번갈아 다니며 마음 편하게 지낼 생각이었어요.

리어 왕은 세 딸을 모두 불러 모았어요.

"자, 나의 세 딸들아. 너희 중 누가 이 늙은 아버지를 가장 사랑하느냐. 어디 한번 말해 보거라. 나를 가장 사랑하는 딸에게 가장 좋은 땅을 주마."

그러자 먼저 큰딸 거너릴이 리어 왕 앞에 나서 무릎을 꿇었어요.

"아버지, 저는 세상 무엇보다 아버지를 사랑해요. 공기보다, 물보다, 그리고 자유보다 아버지를 소중하게 여기고 있어요. 만약 아버지가 제 성에 오신다면 저는 아버지를 어느 누구보다 행복하게 해 드리겠어요."

그 말을 들은 리어 왕은 만족해하며 거너릴에게 나라의 3분의 1을 주었어요. 그러자 질세라 둘째 딸 리건이 리어 왕 앞에 무릎을 꿇었어요.

"저 역시 언니와 똑같은 마음으로 아버지를 사랑한답니다. 게다가 저는 효도 이외의 즐거움은 모른답니다. 아버지를 위해 정성을 바치는 것보다 기쁜 일은 없어요."

리어 왕은 역시 기뻐하며 리건에게 나라의 3분의 1을 주었어요. 그리고 마지막으로 막내딸, 코딜리아를 바라보았어요. 사실 리어 왕은 세 딸 중 막내 코딜리아를 가장 사랑했죠. 그래서 코딜리아가 무슨 말을 하더라도 가장 좋은

땅을 줄 생각이었어요. 하지만 코딜리아는 아무 말도 하지 않았어요.

"코딜리아야, 너는 왜 입을 열지 않는 거냐. 나를 사랑하지 않는 것이냐?"

"아버지, 저는 사랑을 말로 표현하지 못해요. 그저 자식으로서 아버지에 대한 사랑을 행동으로 보일 뿐이에요."

코딜리아는 두 언니들처럼 듣기 좋은 말로 아버지의 재산을 차지하고 싶지 않았어요. 그저 자신의 진심을 아버지가 알아주길 바랬죠. 하지만 리어 왕은 코딜리아가 아무 말도 하지 않는 것이 자신을 사랑하지 않기 때문이라고 오해했어요. 잔뜩 화가 난 리어 왕은 소리쳤어요.

"네가 말을 하지 않는다면 나도 생각이 있다. 당장 이 나라에서 나가거라! 코딜리아에게 주려 했던 땅은 거너릴과 리건에게 나눠 주겠다!"

신하들이 놀라 말렸지만, 리어 왕은 자신의 고집을 꺾지 않았어요.

그러나 이후 리어 왕의 생애는 비참하기 이를 데 없었답니다. 이미 땅을 가진 거너릴과 리건은 아버지를 서로에게 미루다, 함께 계획을 짜 리어 왕을 쫓아냈어요. 두 딸의 감언이설에 속은 리어 왕은 충격으로 미쳐 버렸고, 그런 리어 왕을 찾아 보살핀 이가 바로 막내딸 코딜리아였답니다.

<리어 왕> 속 감언이설

말로만 아버지 리어 왕을 위한다고 하다, 자신들이 귀찮아지자 아버지를 버린 거너릴과 리건. 그리고 말은 하지 않았지만 행동으로 아버지를 위한 코딜리아. 누가 더 효녀인지는 말하지 않아도 알겠죠? 달콤한 말과 이로운 조건을 내세워 남을 유혹하는 말을 감언이설(甘言利說)이라고 해요.

고전 깊이 읽기

너무도 인간적인 영웅 <리어 왕>

영국의 극작가 셰익스피어는 총 36편의 희곡을 썼어요. 그리고 그 모든 작품이 역사에 길이 남을 명작이 되었죠.

하지만 그중에서도 셰익스피어의 위대함을 가장 잘 알 수 있는 네 편의 비극 <리어 왕>, <햄릿>, <오셀로>, <맥베스>를 묶어 '셰익스피어의 4대 비극'이라고 불러요. 이 네 비극의 주인공들은 영웅임에도 불구하고, 너무도 인간적인 약점들을 가지고 있어요.

<리어 왕>의 주인공 리어 왕은 힘과 지혜를 겸비한 훌륭한 왕이었어요. 하지만 딱 하나, 성격이 너무 급한 게 탈이었죠. 그 때문에 신하들의 반대에도 불구하고 세 딸들에게 땅을 물려준다고 선포했고, 그 과정에서 막내딸 코딜리아의 진심을 눈치채지 못했어요. 오히려 코딜리아를 오해하고 그녀를 쫓아내기까지 하죠. 그리고 첫째 딸과 둘째 딸에게 배신당한 후에는 그 충격 때문에 광기에 휩싸여 폭풍우 치는 광야에 서서 화를 내죠. 결국 코딜리아의 도움을 받아 다시 왕권을 되찾는 데는 성공하지만, 코딜리아가 죽었다는 사실을 알고 슬픔에 빠져 죽음을 맞이하고 말아요.

이 모든 사건이 자신의 급한 성격 때문에 비롯된 일이기 때문에, 리어 왕은 누구를 탓할 수도, 원망할 수도 없어요. 그런 모습이 더욱 리어 왕의 처지를 가엽게 만들죠.

이처럼 셰익스피어 비극에서는 주인공이 자신의 성격으로 인해 파멸에 빠지는 경우가 많아요. 그래서 셰익스피어 비극을 '성격비극'이라고 부르기도 해요.

<오디세이> 속 격세지감

隔	世	之	感
사이 뜰	대	어조사	느낄

격세지감

다른 세상을 보는 것처럼 많은 변화가 있었음을 일컫는 말.

 20년 만에 고향으로 돌아온 오디세우스

"드디어 고향에 도착했구나."

꿈에 그리던 고향 이타카의 땅을 밟은 오디세우스는 감격의 눈물을 흘렸어요. 오디세우스는 그리스와 트로이가 벌인 10년 동안의 트로이 전쟁을 승리로 이끈 영웅이에요. 하지만 바로 그 때문에 트로이를 지키는 신들의 노여움을 사, 10년 동안이나 고향에 돌아오지 못하고 전 세계의 바다를 떠돌아다니는 벌을 받게 되었죠. 바다의 위험한 괴물들과 싸우면서도 오디세우스는 고향으로 돌아갈 날만을 꿈꿔 왔어요. 그리고 드디어 신의 용서를 받고 20년 만에 고향에 돌아온 것이었죠.

그런데 오디세우스는 뭔가 격세지감을 느꼈어요. 자신이 떠나기 전, 이타카의 왕으로 있을 때와 달리, 도처에서 거지꼴을 한 국민들의 슬픈 울음소리가 들려 왔어요.

'대체 내가 자리를 비운 20년 동안 무슨 일이 있었단 말인가.'

오디세우스는 나무 아래 멍하니 앉아 있는 노인에게 다가가 말을 걸었죠.

"이보시오, 노인장. 이곳 이타카에 무슨 일이 있소? 왜 저렇게 다들 슬픈 얼굴을 하고 있는 게요. 예전에 오디세우스 왕이 있었을 때는 이러지 않았던 것 같은데."

노인은 귀찮다는 듯 오디세우스를 힐끔 보더니 입을 열었어요.

"이곳 사람들이 웃지 못하고 눈물만 흘린 건 벌써 오래된 일일세. 벌써 10년이나 된 일이지."

노인의 이야기는 충격적이었어요. 트로이 전쟁이 끝나고도 오디세우스 왕이 돌아오지 않자, 모두들 그가 죽었다고 생각했어요. 그러자 오디세우스의 부인인 페넬로페와 결혼해 왕위를 차지하려는 인간들이 곳곳에서 모여들었죠. 그들은 오디세우스의 집에 눌러 앉아 페넬로페에게 자신들 중 한 명을 선택하라고 강요했어요. 페넬로페는 오디세우스가 죽지 않았다고 믿고 계속해서 그를 기다렸지만, 주인 없는 나라는 황폐해져만 갔죠.

"오디세우스 왕이 계실 때의 이타카와, 지금의 이타카는 완전히 다른 나라나 마찬가질세."

지난 10년 동안 부인 페넬로페와 어린 아들 텔레마코스가 자신보다 더한 고통에 빠져 있었다니! 노인의 말을 들은 오디세우스는 깊은 슬픔에 빠졌어요.

오디세우스는 어둠 속으로 몸을 숨겼어요. 자신이 없는 동안 아내와 아들, 그리고 나라를 고통에 빠트렸던 이들에게 복수할 것을 다짐하면서요.

결국 오디세우스는 나라를 망친 이들에게 복수를 해요. 그리고 부인, 아들과 함께 이타카를 번영시키는 데 온 힘을 쏟았지요.

<오디세이> 속 격 세 지 감

20년 동안 떠돌아다니다 고향에 돌아온 오디세우스는 얼마나 기뻤을까요? 하지만 그 기쁨도 잠시, 자신이 있을 때와 달리 너무도 변해 버린 고향의 모습에 다른 세상을 보는 것 같은 느낌, 격세지감(隔世之感)을 느꼈을 거예요.

고전 깊이 읽기

🕯 모험을 하며 커 나가는 인간 〈오디세이〉

그리스 최고의 시인 호메로스는 지금까지도 많은 사람들에게 읽히는 두 편의 장편 서사시를 남겼어요. 그게 바로 〈일리아드〉와 〈오디세이〉죠. 〈일리아드〉는 그리스와 트로이가 10년 동안 벌였던 '트로이 전쟁'을 다룬 이야기예요. 그리고 〈오디세이〉는 트로이 전쟁의 영웅 오디세우스가 10년 동안 바다를 떠돌며 겪은 모험을 다룬 이야기죠.

〈오디세이〉가 지금껏 명작으로 남을 수 있었던 이유 중 하나는 '시련을 겪으면서 발전하는 인간'의 모습을 보여 줬다는 데 있어요. 10년 동안 바다를 떠돌아다니면서 오디세우스는 수많은 괴물과 만나요. 다른 선원들은 괴물들에게 겁을 먹고 피하려고 하지만, 오디세우스는 그 괴물과 정면으로 마주하죠. 그 결과 오디세우스는 그 괴물을 '알게' 돼요. 아는 게 왜 중요하냐고요? 우리가 귀신이나 괴물을 겁내는 건 사실 그들에 대해서 아무것도 '모르기' 때문이에요. 그들의 정체를 안다면 겁낼 이유가 없죠.

오디세우스와 다른 선원들의 모습을 단적으로 비교할 수 있는 게 바로 세이렌을 만났을 때의 일화예요. 세이렌은 아름다운 노랫소리로 선원들을 홀려 배를 침몰시키는 무서운 요괴예요. 그래서 오디세우스는 선원들에게 귀를 솜으로 막고 노를 젓게 해요. 그런데 정작 자신은 세이렌의 노래를 듣죠. 세이렌의 노래를 듣다간 죽을지도 모른다는 걸 알면서도, 그 노래를 '알고' 싶다는 마음이 강했던 거예요. 오디세우스는 그렇게 괴물들에 대해 알아가며, 점점 진정한 영웅으로 거듭납니다.

〈삼국지〉 속 계 륵

鷄　　肋
닭　　갈비뼈

계 륵

쓸모는 없으나 버리기엔 아까운 것을 말함.

 조조의 고민

"하아, 어떻게 한다……."

벌써 저녁이 다 되었지만 위나라의 왕 조조는 밥 생각도 잊은 채 한숨만 쉬고 있었어요. 도대체 무슨 고민 때문에 그러는 걸까요?

당시 중국을 오랜 세월 동안 지배하던 한나라는 간신들 때문에 멸망하기 직전이었어요. 그러자 전국 각지의 영웅들이 들고 일어나 나라를 세웠어요. 그리고 스스로 중국을 통일할 황제가 되겠다고 나섰죠. 그중에서도 눈에 띄는 세 영웅이 있었어요. 위나라의 왕 조조, 오나라의 왕 손견, 그리고 촉나라의 왕 유비였어요.

그중 가장 강대한 세력을 가지고 있었던 건 조조였어요. 하지만 그런 조조에게 늘 눈엣가시 같은 인물이 있었으니 바로 유비였죠.

'유비는 겉보기에는 평범하지만 타고난 인덕으로 주변에 훌륭한 장수가 모인단 말이야. 그의 의형제라는 관우와 장비만 해도 천하 최고의 장수인데다 이번에 유비 밑으로 들어간 제갈공명은 천하에서 가장 똑똑한 이가 아닌가. 이대로 내버려 두다간 분명 위험해. 당장 유비를 없애야 해!'

그런 생각이 들자 조조는 직접 유비가 있는 한중 땅을 공격하러 나섰어요. 조조가 당시 데리고 간 군사는 어마어마한 숫자여서, 모두들 유비가 제대로 싸워 보지도 못하고 죽을 거라고 생각했죠.

하지만 막상 전쟁이 시작되자 모두의 예상은 빗나갔어요. 유비는 성 안에서 단단히 문을 잠근 채 수비에만 몰두했어요. 조조의 대군이 아무리 공격을 해도 나오지 않았어요. 그러면서 유비군은 특공대를 보내 조조군의 식량을 뺏는 작전을 펼쳤어요. 먹을 것이 모자라자 시간이 지날수록 조조군의 사기는

떨어져 갔지요. 배고픔 때문에 도망치는 군사들까지 생겨났어요. 그러자 조조군의 장수들도 계속 싸우자는 쪽과 그만 후퇴하자는 쪽으로 나눠져 말다툼이 일어났어요. 다들 조조의 결정만을 기다렸죠.

조조 역시 어느 쪽을 선택하기가 쉽지 않았어요. 이렇게 돌아가자니 유비를 끝장낼 기회가 사라지는 것 같아 아쉽고, 그렇다고 계속 남아 싸우자니 자신의 피해가 너무 클 것 같았어요. 조조가 근심에 쌓여 있는데, 부하 한 명이 닭고기가 담긴 접시를 들고 들어왔어요.

"폐하, 식사를 하지 않으셔서 닭 요리를 해서 가지고 왔습니다."

조조는 무심결에 닭고기를 한 점 들었어요. 그런데 하필이면 살이 없는 닭의 갈비 부분을 집은 게 아니겠어요. 조조는 닭의 갈비를 보며 중얼거렸어요.

"계륵(닭의 갈비)이로다, 계륵……."

그 말을 들은 부하는 뭔가 알았다는 미소를 띠며 밖으로 나갔어요. 그러고는 후퇴 준비를 서둘렀어요. 먹자니 먹을 것도 없고 버리자니 아까운 부분 계륵. 부하는 조조가 한중 땅을 계륵처럼 생각하고 결국에는 버릴 것이라는 걸 눈치챈 것이었죠. 부하의 예상대로 조조는 결국 한중에서 후퇴할 것을 명령했어요.

<삼국지> 속 계 륵

하자니 이득이 없고, 버리자니 아까운 계륵(鷄肋) 같은 일들이 많이 있어요. 그럴 때 필요한 건 하나를 분명하게 선택하는 결단력이에요. 조조가 영웅인 이유는 닭의 갈비를 손에 들고 세월을 보내지 않고, 과감히 버리는 모습을 보였기 때문이죠.

고전 깊이 읽기

 ## 삶을 살아가는 지혜를 담은 책 〈삼국지〉

"삼국지를 열 번 읽은 사람과는 상종도 하지 마라."

아니, 〈삼국지〉는 좋은 책이라고만 알고 있었는데 이게 무슨 말일까요? 이 말은 〈삼국지〉가 얼마나 좋은 책인지 알려 주는, 일종의 반어법을 담은 말이에요.

〈삼국지〉에는 세상을 살아가는 데 필요한 지혜와 자신이 가져야 할 삶의 자세, 그리고 다른 사람들을 앞질러 성공하는 방법까지, 참 많은 것들이 담겨 있거든요. 그런 〈삼국지〉를 열 번이나 읽은 사람과 만나면, 자신이 무얼 하든 그 사람보다 불리할 테니 아예 만나지도 말라는 것이죠.

나관중이 집필한 〈삼국지〉(정식 명칭은 〈삼국지연의〉)는 후한 말, 나라가 혼란스러울 때를 시작으로 해서 위·촉·오 삼국이 중국 대륙의 패권을 놓고 전쟁을 벌이는 이야기를 다루고 있어요. 이런 역사적 사건들은 사실을 바탕으로 했지만, 그 안의 인물 묘사나 구체적인 대화 등은 작가가 상상해서 만든 것이죠. 그래서 누군가는 "나관중이 쓴 〈삼국지〉 안의 이야기는 사실이 7할, 거짓이 3할이어서 읽는 사람을 혼돈에 빠트린다."라고 말하기도 했어요.

〈삼국지〉를 이야기할 때 중국 대륙을 무대로 하는 웅장한 규모와 적벽대전처럼 흥미진진한 전쟁에 관해 말하기도 하지만, 역시 소설 속 영웅들의 이야기를 빼놓을 수 없죠. 우리가 잘 아는 유비, 관우, 장비 삼형제와 친지적인 지략가 제갈공명, 충성심 높은 조운, 명예보다 실리를 따지는 현실적인 영웅 조조 등 세상 모든 인간의 모습을 담았다고 할 정도로 다양한 인물들이 나오죠. 그 인물들의 모습을 보는 것만으로도 세상 전체가 느껴질 정도예요.

<춘향전> 속 고 진 감 래

苦 盡 甘 來
쓸 다할 달 올

고 진 감 래

고생 끝에 즐거움이 찾아온다는 말.

 끝까지 이몽룡을 믿은 춘향이

"춘향아, 네 정녕 수청을 들지 않을 셈이냐!"

포도청 위에 거만하게 서 있는 변학두는 목에 큰 칼을 차고 무릎 꿇고 앉아 있는 춘향이를 노려보았어요.

"제가 비록 기생의 자식이지만 이미 혼인을 한 몸입니다. 그런데 어찌 저에게 수청을 들라 하십니까."

춘향이와 혼례를 올린 이는 바로 양반의 자제 이몽룡이었어요. 하지만 혼례를 올리자마자 춘향이를 전라도 남원 땅에 내버려두고 한양으로 올라가더니, 지금은 거지꼴이 되어 남원을 떠도는 중이었죠. 그럼에도 불구하고 춘향이는 이몽룡에 대한 자신의 마음을 저버릴 수 없었어요. 그런 춘향이의 태도에 변학도는 더욱 화가 났어요.

"감히 기생 주제에 내 명령을 거역해? 어디 곤장을 맞아 봐야 정신을 차리겠느냐!"

그런데 그때 갑자기 포도청 문이 벌컥 열리더니 몽둥이를 든 사람들이 뛰어 들어오는 게 아니겠어요? 그러더니 큰 소리가 울려 퍼졌어요!

"암행어사 출두야!"

조선 각지를 떠돌아다니며 부패한 관리들을 잡는다는 암행어사. 변학도 같은 인물들에게는 저승사자보다 더 무서운 인물이 지금 나타난 거예요! 놀란 변학도와 그의 부하들은 얼른 도망치려 했지만, 금세 붙잡히고 말았어요. 그리고 풍악 소리와 함께 부채로 얼굴을 가린 암행어사가 나타났어요.

"변학도 네 이놈! 내 그동안 이곳 남원을 돌아다녀 보았다. 불쌍한 백성들을 쥐어짜 네 놈의 배를 불린다는 소문이 곳곳에 퍼져 있더구나. 네 놈은 이제 죽음을 면치 못하리라!"

마른하늘에 날벼락을 맞은 변학도는 뭐라 변명도 못하고 끌려가 버리고 말았어요. 암행어사는 여전히 얼굴을 가린 채 춘향이를 보았어요.

"너는 무슨 죄를 지었기에 여기 잡혀 있는 것이냐?"

"저는 죄가 없습니다. 저는 혼인을 한 몸인데, 변학도의 수청을 들지 않았다는 죄로 끌려온 것입니다."

그러자 암행어사는 남몰래 빙그레 웃으며 입을 열었어요.

"너와 혼인한 자가 누구냐? 어떻게 생긴 얼굴이냐? 혹시, 이렇게 생겼느냐?"

그 말과 함께 암행어사가 부채를 치우자 춘향이는 깜짝 놀랐어요.

"서방님!"

암행어사는 바로 이몽룡이었던 거예요! 사실 이몽룡은 한양에 올라간 후 과거에 급제해 암행어사가 되었어요. 그리고 일부러 거지꼴을 한 채 남원으로 와 변학도의 악행을 잡아 낸 것이에요.

이몽룡은 자신을 기다리며 모진 고통을 참아 낸 춘향이와 함께 한양으로 올라갔어요. 그리고 오래도록 행복하게 살았다니, 고진감래가 따로 없죠?

〈춘향전〉 속 고 진 감 래

춘향이는 변학도의 모진 고문을 받으면서도 절대 그의 말을 듣지 않았어요. 이몽룡이 올 줄 알고 그랬던 게 아니에요. 자신이 옳다고 믿는 걸 지킨 거였죠. 그 결과 이몽룡을 만나며 고생 끝에 낙이 오는 고진감래(苦盡甘來)의 상황을 맞은 거예요.

고전 깊이 읽기

 백성들의 꿈을 담은 이야기 <춘향전>

　조선 시대 백성들에게 가장 사랑 받는 이야기 중 하나였던 <춘향전>은 원래 설화로 떠돌던 이야기라고 해요. 그 설화가 판소리로 만들어지며 기승전결을 가진 완결된 이야기가 되고, 그 판소리를 바탕으로 소설이 나오며 <춘향전>이 된 것이죠. 사람들의 입을 통해 전해져 내려오면서 <춘향전> 안에는 당시 백성들의 바람이 녹아들어 갔어요.

　가장 먼저 관기(관아에 소속된 기생)의 딸인 성춘향과 양반집 자제인 이몽룡과의 사랑. 당시 관기는 가장 하층민의 신분이었어요. 그런데 그런 집안의 딸이 신분을 뛰어넘어 양반집 자제와 사랑을 한다니? 실제로는 상상도 할 수 없는 일이죠. 게다가 소설을 보면 이몽룡은 성춘향에게 첫눈에 반해 아이처럼 매달리고, 성춘향은 오히려 양반집 규수처럼 점잖은 모습을 보이죠. 이런 아이러니한 상황을 보는 백성들은 통쾌한 기분을 느꼈을 거예요.

　그리고 변학도가 암행어사가 된 이몽룡에게 혼쭐이 나는 부분에서는, 탐관오리에게 당하던 백성들의 마음이 녹아들어 갔어요. 자신에게도 이몽룡 같은 암행어사가 나타나 주길 바라는 마음과 함께, 탐관오리들이 이 이야기를 듣고 겁을 먹길 바라는 마음이 있었죠.

　마지막으로 춘향이가 서울로 올라가 이몽룡의 부인이 되는 부분 역시 마찬가지예요. 춘향이의 신분으로는 원래 양반의 부인이 될 수 없거든요. 하지만 '춘향이가 잘 되었으면 좋겠다.'라는 백성들의 소망이 행복한 결말을 만들어 낸 것이죠.

<그리스 로마 신화> 속 과 유 불 급

過	猶	不	及
지나칠	오히려	아닐	미칠

과 유 불 급

지나친 것은 미치지 못한 것과 같다는 뜻.

 황금 때문에 굶어 죽게 된 미다스 왕

"제 손에 닿는 모든 것을 황금으로 변하게 해 주십시오!"

그리스의 왕 미다스의 말에 술의 신 디오니소스는 묘한 표정을 지었어요. 반은 곤란한, 그리고 반은 웃음을 참는 표정이었죠.

"그게 정말 네 소원이란 말이냐. 허허허……, 후회할 텐데."

"절대 후회하지 않겠습니다. 그러니 제발 들어주십시오!"

디오니소스는 무슨 소원이든지 들어주겠노라고 말한 것을 살짝 후회했어요. 갑자기 사라진 자신의 옛 스승이자 양아버지인 실레노스를 미다스 왕이 극진히 대접해 주었다기에 고마워서 소원을 들어주겠다고 한 것인데, 이렇게 어이없는 소원을 빌다니! 하지만 한편으로는 무슨 황당한 일이 벌어질지 보고 싶은 마음도 생겼어요. 그래서 디오니소스는 결국 고개를 끄덕였어요.

"좋다, 이제 앞으로 네 손에 닿는 모든 것은 황금으로 변할 것이다."

그 말을 끝으로 디오니소스는 순식간에 사라져 버렸어요. 혼자 남게 된 미다스 왕은 혹시나 싶은 마음에 길에 떨어져 있던 돌멩이를 집어 들었어요. 그러자 정말 그 돌멩이가 황금으로 변하는 게 아니겠어요! 미다스 왕은 기쁨에 겨워 환호성을 질렀어요.

"이제 난 세계 제일의 부자다!"

미다스 왕은 처음에는 디오니소스에게 궁전을 꽉 채울 정도의 황금을 달라고 할 생각이었어요. 하지만 아무리 많은 황금도 쓰다 보면 다 사라질 거라고 생각하자 곧 우울해졌어요. 그래서 영원히 황금을 얻을 방법이 없을까 고민하다 혹시나 하는 마음에 이야기를 한 거예요.

미다스 왕은 신이 나서 궁전의 모든 물건들을 황금으로 바꾸기 시작했어

요. 벽도, 기둥도, 심지어 말먹이 통까지 모두 황금으로 바꾸었죠. 그렇게 한참을 바꾸다 보니 슬슬 배가 고파지기 시작했어요.

'일단 식사를 해야겠군.'

미다스 왕은 황금 의자에 앉아 황금 식탁에 차려진 음식들을 흐뭇한 눈으로 바라보았어요. 그리고 빵을 집어 들었는데, 이럴 수가! 빵도 황금으로 변해 버리는 거예요. 순간 미다스 왕은 당황해서 다른 음식들을 집어 들었어요. 그러자 고기도 황금으로, 생선도 황금으로, 컵 속의 물도 황금으로 변해 버렸어요.

'과유불급이라더니! 욕심이 지나쳤어.'

그제야 디오니소스가 후회할 거라고 말한 게 무슨 뜻인지 알게 되었죠. 미다스 왕은 디오니소스 신전으로 달려가 신에게 용서를 빌었어요.

"제 모든 황금을 가져가도 좋으니 제발 빵 한 조각만 먹게 해 주십시오!"

미다스 왕이 한참을 빌자 겨우 디오니소스의 목소리가 들려왔어요.

"내 그럴 줄 알았지. 이제 너의 잘못을 알았으니 가서 흐르는 강물에 손을 씻거라."

미다스 왕이 얼른 달려가 강물에 손을 씻자, 모든 것이 제자리로 돌아왔어요. 그 이후로 미다스 왕은 황금을 멀리했다고 해요.

<그리스 로마 신화> 속 과 유 불 급

궁전을 가득 채울 만큼의 황금만 가졌어도 최고의 부자가 되었을 텐데! 미다스 왕의 욕심이 화를 부르고 말았네요. 잔에 물을 가득 붓다 보면 넘쳐 버리는 것처럼, 자신의 능력을 벗어나는 일은 화를 불러요. 이럴 때 바로 과유불급(過猶不及)이란 말을 쓰죠.

고전 깊이 읽기

 인간 같은 신들의 이야기 <그리스 로마 신화>

   제우스, 포세이돈, 아폴로, 아프로디테, 헤라…….

   이 이름들을 한 번도 못 들어본 사람은 없겠죠? 바로 전 세계에서 가장 유명한 신화인 그리스 로마 신화에 나오는 여러 신들의 이름이에요.

   과학이 발달하지 않았을 때 사람들은 온갖 자연 현상을 신들이 벌이는 일로 믿었어요. 그리고 신들이 어떤 원리로 자연 현상을 지배하는지에 대한 이야기를 만들어 냈죠. 그렇게 만들어진 게 바로 신들의 이야기, 신화예요. 신화는 지금 지구에 사는 민족의 숫자만큼 존재한다고 볼 수 있어요. 그런데 왜 그 많은 신화 중 사람들은 그리스 로마 신화를 가장 좋아하는 걸까요?

   그건 그리스 로마 신화에 나오는 신들의 모습이 우리와 닮았기 때문이에요. 이들 신은 분명 신으로 불릴 만한 힘과 능력을 가지고 있어요. 하지만 웃고 울고 기뻐하고 화내는 감정은 인간과 똑같아요. 능력뿐 아니라 감정까지 인간을 초월해 절대적인 존재로 여겨지는 여느 신화의 신들과 다른 점이지요. 미다스 왕의 소원을 들어준 디오니소스 신만 봐도 그래요. 미다스 왕이 잘못된 소원을 빌었는데, 자신의 재미를 위해 소원을 들어주지요. 물론 신의 능력으로 모든 것을 바로잡아 주기는 하지만, 정말 우리가 생각하는 신이라면 처음부터 미다스 왕의 잘못을 깨우쳐 줬어야죠. 이런 신 같지 않은 모습이, 오히려 그리스 로마 신화의 신들을 친근한 존재로 만든답니다.

〈삼국지〉 속 군계일학

群 鷄 一 鶴
무리 닭 하나 학

군 계 일 학

닭의 무리 속에 한 마리의 학. 여러 평범한 사람들 가운데 뛰어난 한 사람이 섞여 있음을 말함.

 화웅의 목을 벤 관운장

계륵 이야기에서는 서로 싸우던 유비와 조조였지만, 한때는 같은 편으로 뭉쳐 적과 싸우기도 했었어요. 바로 역적 동탁이 나타났을 때였죠. 중국 변방의 장수였던 동탁은 한나라가 어지러운 틈을 타 군사를 이끌고 한나라의 궁궐로 쳐들어왔어요. 그러면서 자신이 마치 황제가 된 것처럼 행동했어요. 성격도 난폭해서 바른 말을 하는 충신들을 함부로 죽였죠.

그런 동탁의 행동을 참을 수 없었던 전국의 장수들이 모두 모여 '반동탁연합군'을 만들었죠. 그 연합군에 조조와 함께 유비, 관우, 장비가 끼어 있었어요. 당시 유비 삼형제는 전국을 혼란에 빠트린 황건적이라는 도적 집단과 싸우기 위해 의병군을 조직한 상태였어요. 황건적과의 싸움이 끝나자마자 역적 동탁이 나타난 걸 보고, 고향으로 돌아가던 말 머리를 돌려 연합군에 합류한 것이었죠. 하지만 반동탁연합군에 모인 장수들은 모두 유비 삼형제를 무시했어요.

"촌놈들이 우리를 도와준다고? 말도 안 되는 소리!"

하지만 연합군의 장수들이 그렇게 당당히 큰소리를 칠 때는 아니었어요. 동탁을 처단하러 가는 첫 번째 관문도 넘지 못하고 있었거든요. 낙양으로 가기 위해서는 수많은 관문을 통과해야 했는데, 그중 첫 번째 관문이 바로 호뢰관이었어요. 그곳은 동탁의 부하 화웅이 지키는 곳이었죠. 화웅은 말을 타고 나와 연합군을 비웃으면서 말했어요.

"너희들이 동탁 님을 만나러 가겠다고? 어디 한 번 나부터 이겨 보시지!"

화웅의 말에 화가 난 많은 장수들이 뛰쳐나갔지만, 몇

번이고 패배를 거듭하자 연합군의 체면은 말이 아니었죠.

그때 한 장수가 앞으로 나왔어요. 칠흑처럼 긴 수염에 커다란 청룡언월도를 든 장수, 바로 관우였어요.

"제가 한번 싸워보겠습니다."

그 말에 연합군의 장수들은 어이없다는 눈으로 관우를 바라보았어요. 난다 긴다 하는 장수들도 화웅에게 목숨을 잃었는데, 감히 일개 의병군이? 반면 군계일학을 알아본 조조는 관우의 용기를 칭찬하며 직접 따뜻하게 데운 술을 건넸어요. 하지만 관우는 정중히 거절했어요.

"그 술은 제가 다녀온 후에 마시겠습니다."

그 말을 끝으로 관우는 말을 타고 화웅에게 달려갔어요. 화웅은 이름도 들어보지 못한 장수가 자신을 향해 달려오자 코웃음을 쳤죠.

"어디서 감히……."

그때 관우의 청룡언월도가 번쩍이며, 화웅의 목이 떨어졌어요. 연합군 누구도 이기지 못한 장수를 관우가 한 번에 물리친 것이죠.

관우는 연합군 진지로 돌아와 조조가 준 술을 마셨어요. 술이 채 식기도 전에 다녀와서, 아직 따뜻한 술잔을 드는 관우를 모두 놀라운 눈으로 바라보았답니다.

<삼국지> 속 군 계 일 학

당시 반동탁연합군에 모인 장수들은 모두 말만 거창했지, 뒤에서는 자기 이득을 챙기기에 바빴어요. 그때 나타나 한 칼에 화웅의 목을 벤 관우의 모습은 그야말로 닭 중의 한 마리 학, 군계일학(群鷄一鶴)이 따로 없었을 거예요.

고전 깊이 읽기

 신이 된 관우

〈삼국지〉에서 가장 좋아하는 인물을 뽑으라 하면 빠지지 않고 불리는 인물이 있어요. 바로 관우예요. 적토마를 타고 검고 긴 수염을 휘날리며 82근(약 50㎏)이나 되는 청룡언월도를 휘두르며 적을 한 번에 베어 넘기는 관우의 싸움 장면은 〈삼국지〉의 백미지요. 적인 조조마저도 관우에게 반해 그를 자신의 부하로 삼으려고 애를 썼지만, 관우는 단 한 번도 유비를 배신하지 않았어요. 그렇게 주군이자 의형제인 유비에게 보이는 충성심 역시 관우를 돋보이게 만드는 매력이에요. 또한 관우는 무관이면서도 제갈공명이 등용되기 전에는 유비군의 군사 역할을 할 정도로 학식이 뛰어나기도 했어요. 그야말로 문무겸비를 갖춘 인물이죠. 그런데 관우가 신으로까지 숭상 받고 있다는 사실, 알고 있나요?

중국 송나라는 학자를 숭상하는 문치주의(학문으로 나라를 다스린다)를 내세운 나라였는데, 그 때문에 국방력이 약화되어서 이민족들의 침략을 받아요. 외세의 침략에 나라가 흔들리자, 국민을 한곳으로 모을 국민적 영웅이 필요해진 송나라는 당시 '충'과 '의'의 상징으로 서민들 사이에서 큰 인기를 누리고 있는 관우를 전쟁의 신으로 받들어 모셔요. 그때부터 〈삼국지〉의 인기와 함께 관우는 동남아시아 곳곳에서 신으로 받들어졌어요. 〈삼국지〉 속 인물 중 가장 사람들에게 숭상을 받게 된 관우는, 그야말로 〈삼국지〉 속 군계일학이 된 거죠.

우리나라도 임진왜란 때 우리를 도와주러 온 명나라 군의 영향으로 관우를 신으로 모셨어요. 서울 지하철 1호선을 보면 '동묘역'이 있죠? 그 역을 나오면 만날 수 있는 '동묘'가 바로 관우를 신으로 모신 사당이에요.

<심청전> 속 금의환향

錦 衣 還 鄕
비단 옷 돌아갈 고향

금의환향

비단옷을 입고 고향에 돌아온다는 뜻으로, 출세를 하여 고향에 돌아가거나 돌아온다는 뜻.

 ## 심 봉사, 눈을 뜨다!

임금님의 명으로 궁궐에서 전국 맹인 잔치가 열린 날, 전국의 모든 맹인들이 모여 오랜만에 신 나게 놀고 있었어요. 하지만 그중 단 한 명, 웃지 못하고 있는 맹인이 있었으니 바로 거지꼴을 한 심 봉사였어요.

'임금님의 명 때문에 오긴 했지만, 내가 이렇게 기뻐하고 놀 때인가…….'

심 봉사가 웃지 못한 지는 꽤 됐어요. 딸 심청이가 죽은 뒤로 쭉 그랬죠. 딸이 태어나자마자 부인은 죽고, 심 봉사는 앞이 보이지 않으면서도 심청이를 업고 이 마을 저 마을 떠돌아다니며 젖동냥을 했어요. 그렇게 정성들여 키운 마음을 알았는지, 심청이는 누구보다 착한 효녀로 자랐죠.

'그 착한 것이 나 때문에…….'

어느 날 심 봉사는 다리를 건너다 그만 발을 헛디뎌 물에 빠지고 말았어요. 그때 심 봉사를 구해 준 스님이 놀라운 이야기를 했어요. 바로 자신의 절에 공양미 삼백 석을 바치면 부처님이 눈을 뜨게 해 줄 거라는 거였어요. 앞 못 보는 자신의 처지가 새삼 답답해진 심 봉사였지만, 그렇게 많은 양의 쌀을 구할 엄두가 나지 않았어요. 심 봉사는 자신의 신세를 한탄하다 결국 마음의 병을 얻어 자리에 드러누웠어요. 심청이는 아버지가 왜 그러는지 몰라 답답하기만 했죠. 그러다 결국 심 봉사가 말을 하였는데, 며칠 후 심청이가 공양미 삼백 석을 구했다는 거예요!

알고 보니 심청이는 자신을 제물로 넘기는 대신 공양미를 얻은 거였어요. 청나라 상인들이 폭풍우 치는 바다를 건너기 위해 제물로 바칠 처녀를 구한다는 이야기를 어디서 들은 거였죠. 그제야 심 봉사가 놀라 말리려 했지만, 심청이는 이미 인당수 깊은 물에 빠져버린 뒤였어요.

'그러고 나서도 내 눈은 그대로니……. 심청이에게 미안해서 어쩌누.'

다시 생각해 봐도 심 봉사는 자신의 신세가 억울하고 한스러웠어요. 도저히 먹고 마실 기분이 들지 않아 그만 일어나기로 했죠. 그런데 갑자기 누군가 자신의 손을 덥석 잡는 게 아니겠어요! 그런데 심 봉사는 그 손의 따뜻한 느낌이 너무도 익숙하게 느껴졌어요.

"누, 누구요?"

그러자 그 손을 잡은 이가 입을 열었어요.

"아버지, 저 청이에요. 아버지 딸 심청이."

"무, 무슨 소리요? 우리 청이는 바다에 빠져 죽었어!"

"네, 그랬었죠. 하지만 바다 용왕님께서 제 효심을 가륵히 여겨 연꽃을 띄워 절 한양으로 보내 주셨어요. 그리고 한양에서 임금님을 만나 지금은 왕비가 되었어요. 이 맹인 잔치를 연 것도 아버지를 보기 위해서였어요. 아버지, 아버지!"

그 말을 들은 심 봉사는 너무도 기뻤어요.
"그, 그렇다면 네가 정말 청이란 말이냐? 청이야!"
심 봉사가 청이의 이름을 목 놓아 부르는 순간, 심 봉사의 눈이 번쩍 뜨였어요! 심 봉사는 왕비가 되어 금의환향한 자신의 딸, 청이를 비로소 볼 수 있었답니다.

<심청전> 속 금 의 환 향

심청이는 가난한 맹인의 딸에서 하루 아침에 왕비가 되었어요. 게다가 그 덕분에 아버지가 앞을 볼 수 있게 됐으니 그야말로 비단옷을 입고 고향으로 돌아가는 금의환향(錦衣還鄕)을 한 거죠.

고전 깊이 읽기

 ## 과연 심청이는 효녀일까?

우리는 〈심청전〉을 읽으며 아버지를 아끼는 심청이의 마음에 감탄을 금치 못해요. 그리고 아버지를 위해 목숨까지 바치려 한 심청이를 최고의 효녀라고 말하죠. 그런데 요즘의 시선으로 보았을 때도 과연 심청이가 효녀일까요?

심청이가 인당수에 몸을 던진 건 공양미 삼백 석을 바쳐 아버지 심 봉사의 눈을 뜨게 하기 위함이었어요. 하지만 모두들 알다시피 이 방법으로 심 봉사의 눈은 떠지지 않았어요. 지금 생각해 보면 이런 방법으로 눈을 뜨게 한다는 것 자체가 말이 안 되기도 하죠. 그렇다면 만약 심청이가 용왕님의 도움을 받지 못하고 그대로 죽고 말았다면 심 봉사의 기분은 어땠을까요? 평생 자기 때문에 딸이 죽었다는 생각에 괴롭지 않았을까요? 그렇다면 과연 심청이의 행동은 진정한 효도인 걸까요? 다른 방법은 없었을까요?

옛날 소설들을 보면 요즘의 가치관과 맞지 않는 부분이 나올 때가 있어요. 그럴 때는 '만약 내가 이 작품의 작가라면?' 하고 생각하며 이야기를 재창조해 보세요. 정답은 없어요. 자유롭게 만들다 보면, 원작보다 더 재미있는 이야기가 나올 수도 있죠. 요즘에는 고전을 재창조해서 새로운 이야기를 만드는 경우가 많이 있어요. 할리우드에서는 그리스 로마 신화를 재창조한 영화들이 많이 나오고, 한국 소설이나 연극, 영화에서도 고전을 재창조한 이야기가 많이 나오죠. 여러분도 〈심청전〉을 재창조하며, 작가에 도전해 보세요!

〈빌헬름 텔〉 속 노심초사

勞 心 焦 思
일할 마음 태울 생각

노 심 초 사

마음으로 애를 쓰며 속을 태움.

 ## 사과를 맞혀야 하는 빌헬름 텔

활을 치켜든 빌헬름 텔의 눈빛이 떨렸어요. 지금껏 한번 노린 목표는 놓친 적이 없을 정도로 활을 잘 쏘기로 소문난 빌헬름 텔이었지만, 이번만큼은 너무도 겁이 났어요. 어른 발걸음으로 백 보나 되는 먼 거리에서 주먹만 한 사과를 맞히는 일. 게다가 그 사과가 있는 곳은 바로 자기가 가장 사랑하는 아들의 머리 위였어요!

빌헬름 텔은 원래 스위스의 자연 속에서 평화롭게 살아가는 농민이었어요. 하지만 그의 평화는 오래가지 못했어요. 오스트리아 합스부르크 왕가에서 보낸 탐욕스러운 총독 게슬러가 스위스를 점령했거든요. 게슬러는 자유롭게 살던 스위스 사람들을 잡아 강제로 일을 시키고, 마음대로 나무를 베며 자연을 파괴했어요. 그 모습을 본 스위스 사람들은 게슬러에 맞서 싸우기로 결심해요.

　사실 그때까지만 해도 빌헬름 텔은 싸우고 싶지 않았어요. 싸움은 또 다른 싸움을 부를 거라는 생각 때문이었죠. 하지만 그런 그에게도 참을 수 없는 일이 일어났어요. 게슬러가 마을 광장 한가운데 자신의 모자를 걸어 놓고, 지나가는 스위스 사람들에게 강제로 경례를 하게 시킨 거예요.

　"어떻게 사람도 아닌 모자에게 경례를 하란 말인가? 난 그럴 수 없어."

　빌헬름 텔은 모자 앞에서 당당하게 가슴을 펴고 지나갔어요. 그 사실을 안 게슬러는 병사들을 시켜 당장 빌헬름 텔을 잡아 오게 했어요.

　"네 놈이 감히 내 명령을 어겨? 죽고 싶은 게냐?"

　"모자에게 경례를 하지 않는다고 죽는 법이 있단 말입니까? 저는 그런 말 처음 듣습니다."

　빌헬름 텔의 당당한 모습에 게슬러는 분통이 터졌어요. 그러다 씨익 미소

를 지었죠.

"그러고 보니 네 놈이 그렇게 활을 잘 쏜다면서? 그 솜씨를 나한테 한 번 보여 주지 그러느냐? 만약 성공한다면 네 놈의 죄를 없던 걸로 하마."

결국 게슬러 때문에 빌헬름 텔은 자기 아들의 머리 위에 놓인 사과를 쏘아야 하는 위기에 처하게 됐어요. 빌헬름 텔의 가슴은 계속해서 두근거렸고, 손바닥에는 땀이 맺혔어요. 만약 화살이 빗나가기라도 한다면? 노심초사하던 빌헬름 텔은 차라리 게슬러에게 용서를 빌고 싶다는 생각까지 들었어요. 그때 멀리서 그의 아들이 외쳤어요.

"아버지! 저는 아버지를 믿어요. 그러니 걱정 마시고 활을 쏘세요."

그 어느 때보다 밝은 아들의 목소리를 듣자, 비로소 빌헬름 텔의 떨림이 멈췄어요.

'그래, 내 아들이 날 믿고 있어. 나도 나를 믿어야 해.'

빌헬름 텔은 심호흡을 하며 활을 당겼어요. 그리고 멀리서 자신을 비웃고 있는 게슬러의 모습을 흘깃 보며 다짐했어요.

'지금은 웃고 있겠지. 하지만 기억해 둬라. 내 다음 화살이 향할 곳은 바로 너의 심장일 것이다!'

빌헬름 텔은 활시위를 놓았어요. 순간 화살은 빠르게 날아가, 아들의 머리 위에 있는 사과를 정확히 꿰뚫었어요. 빌헬름 텔이 승리한 거예요!

〈빌헬름 텔〉 속 노 심 초 사

아들의 머리 위에 있는 사과를 맞히라니! 얼마나 끔찍한 일인가요. 스위스 최고의 명사수 빌헬름 텔도 아들의 목소리를 듣기 전까지 너무 떨렸어요. '화살이 빗나가 아들을 맞춘다면?'이란 생각이 속을 태우며 그를 노심초사(勞心焦思)하게 만든 거죠.

고전 깊이 읽기

 ## 억압에 대항한 스위스의 영웅 '빌헬름 텔'

〈빌헬름 텔〉에 대해 오해하고 있는 점 하나! 많은 사람들이 〈빌헬름 텔〉을 소설이라고 생각하지만, 사실 이 작품은 실제 스위스 독립의 영웅 빌헬름 텔의 전설적인 이야기를 바탕으로 해, 독일의 극작가 프리드리히 쉴러가 쓴 희곡이에요.

〈빌헬름 텔〉의 무대가 되는 스위스는 풍요로운 자연환경을 바탕으로 자유민들이 모여 살던 아름다운 나라였어요. 그때나 지금이나 스위스의 가장 큰 가치는 바로 '자유'예요. 스위스가 어떤 이념에도 속하지 않고 스스로의 자유를 지키기 위해 '중립국'으로 자리 잡은 걸 보면 알 수 있죠.

하지만 스위스 같은 작은 나라가 스스로의 자유를 지킨다는 것은 말처럼 쉽지 않아요. 나라의 모든 시민들이 자유를 지키기 위해 싸울 준비가 되어 있어야만 해요. 그래서 〈빌헬름 텔〉에서도 오스트리아 합스부르크 왕가가 게슬러란 총독을 보내 스위스를 지배하려 하자 목숨을 걸고 싸우자고 결의를 하죠. 이때 빌헬름 텔은 그 결의에서 한 발 물러서 있어요. 그는 몰랐던 거죠. 자유를 위해 싸우지 않는다면 어떤 무서운 일이 벌어질지 말이에요.

〈빌헬름 텔〉을 통틀어 가장 긴장감 넘치는 장면이라면 바로 빌헬름 텔이 아들의 머리 위에 놓인 사과를 맞춰야 하는 장면일 거예요. 그때 빌헬름 텔은 깨닫게 되지요. '내가 자유를 위해 싸우지 않았기에 이런 끔찍한 일을 겪는구나.'라고요. 빌헬름 텔은 자유를 위해 목숨을 바쳐 싸우기로 결심해요. 그 결과 빌헬름 텔은 총독을 죽이고 스위스 독립의 진정한 영웅이 되죠.

〈아라비안나이트〉 속 다 다 익 선

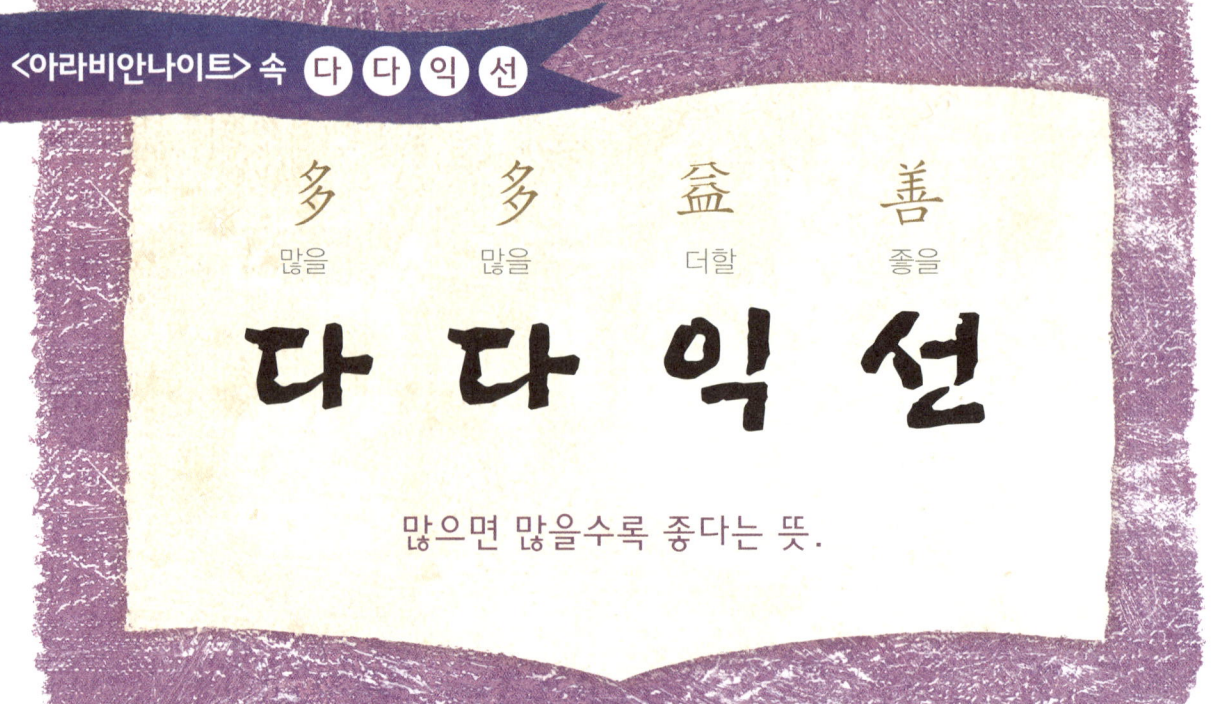

多 多 益 善
많을 많을 더할 좋을

다다익선

많으면 많을수록 좋다는 뜻.

 모하메드와 은화 다섯 닢

먼 옛날, 모하메드라는 소문난 게으름뱅이가 살고 있었어요. 그는 홀어머니가 벌어오는 돈으로 먹고 살며, 일할 생각은 하지 않았어요. 그러던 어느 날, 밤낮 없이 일을 하던 어머니가 그만 병이 들어 쓰러져 버리고 말았어요. 하지만 그런 와중에도 모하메드를 걱정한 어머니는 전 재산인 은화 다섯 닢을 꺼내 그에게 주었죠.

"모하메드야, 이 돈을 가지고 제발 네가 먹고 살 방법을 찾아보거라."

그제야 자신의 잘못을 깨달은 모하메드는 눈물을 펑펑 흘렸어요. 마침 도시의 가장 훌륭한 상인 무자파르가 중국으로 떠난다는 이야기를 들은 그는 항구로 달려갔어요. 그리고 무자파르를 찾아가 자신의 사정을 설명하고 은화 다섯 닢을 바쳤어요.

"제발 이 돈으로 살 수 있는 가장 귀한 물건을 사다 주십시오. 그 물건을 팔아 장사 밑천을 만들어 어머니를 편히 모시고 싶습니다."

모하메드의 효심을 눈치 챈 무자파르는 그 돈을 받아들였죠.

모하메드는 기도를 올리며 무자파르가 돌아오기만을 기다렸어요. 드디어 무자파르의 배가 도착했다는 소식에 그는 얼른 항구로 달려갔어요.

무자파르는 모하메드를 보자 미소를 띠며 털이 다 빠진 원숭이를 건넸어요.

"네가 준 은화 다섯 닢으로 이 원숭이를 샀다."

장사 밑천은커녕 팔아먹지도 못할 원숭이라니! 모하메드는 실망해 어쩔 줄 몰랐어요. 그런데, 무자파르가 입을 열었어요.

"내가 중국에서 장사를 하고 돌아오는 길에 깜빡하고 네 물건을 사지 않은 걸 알았단다. 그래서 다시 배를 돌리려고 하자 다른 상인들이 '우리가 모하메드의 몫으로 금화 다섯 닢씩을 내겠으니 제발 배를 돌리지 마십시오.'라고 간청했어. 그렇게 모인 금화가 한 항아리나 되었단다. 그 정도면 네가 장사를 할 밑천이 되겠다 싶어 나는 그대로 항해를 계속 했지.

그러다 잠시 쉬기 위해 어느 섬에 다다랐는데, 한 노인이 원숭이를 팔지 않겠니? 그래서 네가 준 은화 다섯 닢으로 노인에게 원숭이 한 마리를 샀단다. 그리고 다시 항해를 시작하는데, 갑자기 저 원숭이가 바다로 풍덩 들어가더니 조개를 잔뜩 들고 나오더구나. 그런데 놀라운 일은, 그 조개 안에 전부 진주가 들어 있었던 거야! 원숭이가 버린 진주를 모아 보니 큰 자루로 다섯 자루가 나오더구나.

그리고 마지막 섬에 들러 쉬는데, 갑자기 식인종들이 나타나 우릴 잡아 가뒀단다. 나와 상인들은 줄에 묶여 눈물을 흘리며 외쳤지. '누군가 우릴 구해만

준다면 우리가 중국에서 산 보물의 절반을 줄 텐데!' 그런데 그때 누가 내 몸에 묶인 줄을 푸는 거야. 돌아보니 바로 저 원숭이였어. 우리는 약속대로 원숭이의 주인인 너에게 중국에서 산 보물의 절반을 주기로 마음먹었지.

여기 있는 원숭이 한 마리와 금화 한 항아리, 진주 다섯 자루, 그리고 저 배의 보물의 절반. 이것이 네 은화 다섯 닢의 대가란다. 장사 밑천은 다다익선이니 이 보물들을 몽땅 가져가거라."

은화 다섯 닢으로 어마어마한 부자가 된 모하메드는 다시는 게으름을 부리지 않고 열심히 일했어요. 어머니의 병도 고치고, 그동안 못한 효도도 했지요. 모하메드의 원숭이도 평생 바나나를 실컷 먹으며 행복하게 지냈답니다.

<아라비안나이트> 속 다 다 익 선

은화 다섯 닢으로 장사 밑천을 마련하려던 모하메드. 생각한 것보다 훨씬 더 많은 보물을 장사 밑천으로 갖게 되었어요. 많으면 많을수록 좋다는 다다익선(多多益善)이란 말과 참 어울리죠? 어머니를 위한 모하메드의 효심이 이런 기적 같은 결과를 이뤄 낸 거예요.

고전 깊이 읽기

🕯 이야기의 힘 〈아라비안나이트〉

　〈아라비안나이트〉의 다른 이름은 천일야화, '천 하룻밤 동안의 이야기'란 뜻이에요. 이런 이름이 붙게 된 데는 이유가 있어요. 〈아라비안나이트〉는 아랍 지역을 다스리던 왕 샤리야르의 이야기로 시작해요. 용맹한 샤리야르 왕은 자신의 부인을 무척 사랑했어요. 그런데 우연히 자신의 부인이 다른 남자를 사랑한다는 사실을 알게 되고는 분노에 사로잡혀요. 더 이상 여자를 믿지 못하게 된 그는 부인을 죽이고, 계속해서 새로운 부인을 맞이해요. 그리고 새 부인과 하룻밤을 보내고 나면 무조건 그녀를 죽였지요. 샤리야르 왕의 횡포에 백성들은 공포에 떨어요. 그때 현명한 여인 셰에라자드가 스스로 왕의 부인이 되겠다며 궁전으로 들어가요. 그리고 첫날밤, 소원을 빌죠.

　"죽기 전에 소원이 있습니다. 왕에게 재미있는 이야기 하나만 들려드릴 수 있게 허락해 주십시오."

　샤리야르 왕이 허락하자 셰에라자드는 이야기를 시작해요. 하나같이 재미있는 이야기들이었죠. 샤리야르 왕은 그 이야기를 듣는 재미에 빠져 셰에라자드를 죽이는 걸 미뤄요. 그렇게 셰에라자드가 천 하룻밤 동안 한 이야기를 모은 게 바로 〈아라비안나이트〉예요. 이처럼 사람들은 이야기 듣는 걸 참 좋아해요. 밥 먹고 잠자는 것도 미루고 이야기를 듣지요. 이것을 '이야기의 힘'이라고 해요.

　아참, 셰에라자드는 결국 어떻게 됐냐고요? 천 하룻밤 동안 이야기를 들은 샤리야르 왕은 결국 자신의 잘못을 깨닫죠. 그리고 자신의 잘못을 일깨워 준 셰에라자드를 왕비로 삼고 행복하게 지냈답니다.

〈초한지〉 속 대기만성

大 器 晩 成
클 그릇 늦을 이룰

대기만성

큰 그릇은 늦게 만들어진다는 뜻으로,
큰 사람은 오랜 노력 끝에 이루어진다는 말.

 ### 불량배의 가랑이 사이를 기어서 지나간 한신

먼 옛날, 중국 대륙을 통일한 진시황에게는 한 가지 고민이 있었어요. 바로 자신이 멸망시킨 다른 나라의 왕족들이 다시 세력을 모아 반란을 일으킬지도 모른다는 거였죠. 그래서 진시황은 은밀히 군사들을 보내 망한 나라의 왕족들을 감시하게 했답니다. 혹시나 반란의 기운이 느껴진다면 가차 없이 그들을 죽이라는 명령과 함께요. 결국 진나라에게 멸망당한 여섯 나라의 왕족들은 나라 잃은 설움을 겪는 것도 모자라, 언제 죽을지도 모른다는 불안감에 시달려야만 했답니다. 한신도 그중 한 명이었죠.

한신은 진나라에게 멸망당한 한나라 왕족의 후손이었어요. 어렸을 적에 부모님이 돌아가신 후, 천애 고아가 되어 버린 한신은 버린 음식을 주워 먹고 비를 맞으며 잠이 드는 생활을 계속해야만 했어요. 하지만 한신은 힘든 와중에도 늘 품에 칼 한 자루를 품고 있었어요. 언젠가는 한나라를 재건해서 진시황에게 복수하겠다는 다짐의 표시였죠. 한신으로서는 당연한 마음이었겠죠. 하지만 그러다가 그를 감시하는 군사들에게 꼬투리를 잡혀 죽을 수도 있었어요.

그런 한신을 도와준 이가 있었으니, 바로 술집에서 일하는 기녀였어요. 한신에게서 영웅의 풍모를 본 그녀는 그에게 밥과 잘 곳을 제공해 주었죠. 그러면서 늘 충고했어요.

"당신을 알아주는 사람이 나타나기 전까지는 당신의 원대한 뜻을 숨겨야 합니다. 그렇지 않으면 진시황에게 들켜 목숨을 잃기 십상이에요. 비렁뱅이 선비쯤으로 당신을 위장하세요."

한신은 그 충고를 받아들여 거지 행세를 한 채 거리를 떠돌며 밥을 얻어먹으며 거지처럼 지냈죠. 그런데다 허리에는 쓰지도 않는 큰 칼을 찼으니 웃기기까지 했죠.

그러던 어느 날, 한신이 시장의 좁은 길을 지나가는데 불량배 한 무리가 그의 길을 막았어요. 한신은 괜한 문제를 일으키기 싫어 돌아가려 했죠. 하지만 반대편에도 불량배들이 길을 막았어요. 그중 덩치 큰 불량배 두목이 말했어요.

"어이, 한신. 네 놈은 뭔데 빌어먹는 주제에 그렇게 큰 칼을 차고 다녀? 어디 한번 빼서 나랑 싸워 보자고! 그게 싫으면 내 가랑이 사이로 기어가던가."

모욕을 당한 한신의 속은 부글부글 끓어올랐어요. 금방이라도 칼에 손이 가려 했죠. 하지만 여기서 진시황의 군사들에게 자신의 정체를 들킬 수는 없었어요. 한신은 묵묵히 허리를 숙여 불량배 두목의 가랑이 사이를 기었어요. 불량배들은 모두 그를 비웃었어요. 그리고 비밀리에 한신을 감시하던 군사들도 그 모습을 보고 비웃으며 그에 대한 의심을 거뒀어요.

한신은 후에 유방을 도와 한나라의 이름으로 중국 대륙을 통일하는 데 큰 역할을 합니다. 온갖 굴욕을 참고 대기만성한 한신은 중국 역사에 그 이름을 남기지요.

〈초한지〉 속 대 기 만 성

우리는 빨리 성공하고 빨리 훌륭한 사람이 되길 원해요. 한신 역시 그랬겠죠. 하지만 서둘러 행동했다면 한신은 목숨을 잃고 말았을 거예요. 오랜 기간 동안 인내하고 노력하며 결국 큰 사람이 된 한신은 참으로 대기만성(大器晚成)형의 인간이에요.

고전 깊이 읽기

 잊지 않겠다! '와신상담(臥薪嘗膽)'

　〈초한지〉에서 한신은 '자신의 조국 한나라를 다시 세운다.'라는 목표를 잊지 않아요. 그 목표를 이루기 위해서라면 어떤 괴로움과 치욕도 감수해 내죠. 다른 중국의 옛이야기에도 한신처럼 자신의 목표를 잊지 않기 위해 노력한 사람들이 있어요. 바로 고사성어, 와신상담(臥薪嘗膽)의 주인공들이죠.

　옛날 중국에 있던 오나라와 월나라는 서로 원수지간으로 늘 전쟁을 벌였어요. 그러다 오나라의 왕 합려는 전쟁 중에 활에 맞은 상처가 곪아 목숨을 잃고 말아요. 합려는 죽기 전 자신의 아들 부차에게 꼭 월나라를 쳐서 자신의 원수를 갚으라는 유언을 남겨요. 그때부터 부차는 자신의 몸이 편하면 아버지의 복수를 잊을까 봐 딱딱한 땔나무 위에서 잠을 자요. 바로 와신(臥薪)이죠. 그렇게 마음을 다잡은 결과, 부차는 월나라의 전쟁에서 크게 승리해요. 그리고 월나라의 왕 구천을 붙잡아요. 결국 와신 끝에 아버지의 원수를 갚은 것이죠. 반면 부차에게 붙잡혀 온갖 치욕을 당하고 겨우 풀려난 구천은, 오나라의 속국이 된 자신의 고향에 돌아와요. 이제 왕도 아니고 아무 힘도 없는 구천이었지만, 오나라에게 복수해 자신의 치욕을 씻겠다고 다짐해요. 그리고 그 마음을 잊을까 봐 문간에 쓴 짐승의 쓸개를 걸어두고 아침마다 그걸 씹으며 쓴맛을 되새겼죠. 그게 바로 상담(嘗膽)이에요.

　12년 동안 쓸개를 씹으며 몰래 군사를 기운 구천은 드디어 월나라의 깃발을 높이 들고 전쟁에 나갔어요. 그리고 오나라를 멸망시키고 천하를 통일시켰죠. 이 옛이야기에서 '목적을 이루기 위해 어렵고 힘든 일을 참고 견딘다.'는 뜻의 고사성어, 와신상담(臥薪嘗膽)이 생겨난 거예요.

《맹자》속 대동소이

大 同 小 異
클 같을 작을 다를

대동소이

큰 것은 같고 작은 것이 다르다는 뜻으로,
큰 차이 없이 거의 같은 것을 뜻함.

 맹자가 위나라의 혜왕을 일깨우다

진시황이 나타나기 전, 커다란 대륙 중국은 여러 나라들이 생겨나 서로 싸우고 있었어요. 당시의 왕들은 백성을 위하는 정치를 하기보다는, 어떻게 하면 전쟁에서 승리해서 중국 대륙을 자신의 것으로 만들까 하는 생각만 하며 지냈죠. 그러다 보니 백성들의 생활은 언제나 비참했어요. 그런 시대에 유일하게 백성을 생각하는 철학자가 한 명 있었으니 바로 맹자였어요. 그는 왕들을 만날 때마다 백성을 위한 정치를 해야 한다고 주장했죠.

그러던 어느 날, 위나라의 혜왕이 맹자를 초청했어요. 당시 위나라는 무섭게 커 나가는 진나라에게 시달림을 당하고, 가까운 제나라와의 전투에서는 연일 패배해 약해질 대로 약해진 상태였어요. 그래서 어떻게 하면 강력한 나라를 만들지 고민하다, 맹자를 부른 것이었어요. 하지만 맹자는 혜왕을 처음 만날 때부터 단호히 말했어요.

"나는 나라를 강력하게 만드는 데는 아무 관심이 없습니다. 나는 단지 왕에게 인자함과 의로움, 즉 인의에 대해 말하려고 온 것입니다."

그러면서 맹자는 혜왕에게 인의에 대해 말하기 시작했어요. 전혀 관심도 없는 이야기를 듣게 된 혜왕은 크게 실망했지만, 혹시나 뭔가 도움을 받을 수 있을까 하는 기대에 꾹 참았답니다. 그러다 혜왕은 맹자에게 질문을 했어요.

"나는 지금껏 나라를 다스리면서 백성들에게 크게 잘못한 적이 없네. 나라에 흉년이 들어 백성이 배고파 한다는 이야기를 들으면, 다른 지방의 곡식을 운반해 주면서까지 그들을 도왔지. 이 정도 노력이면 다른 나라의 왕들보다 내가 훨씬 나은 것 같은데, 백성들은 그걸 몰라준단 말이야. 이웃 나라의 백성들과 비교해 봐도 우리나라의 백성이 비슷하니, 이게 대체 어찌된 일인가?"

그 말을 들은 맹자는 대답했어요.

"왕께서는 전쟁을 좋아하시죠? 그럼 전쟁에 관련된 이야기를 하나 들려드리죠. 한창 전쟁이 벌어지는 전쟁터에서 한 병사가 이러다 죽을까 겁이 나서 창이며 갑옷이며 모두 벗어던지고 도망치기 시작했답니다. 그렇게 전쟁터에서 오십 보 정도 떨어졌을 때, 앞을 보니 다른 병사가 전쟁터에서 백 보 정도 도망쳐 나온 게 아니겠습니까? 그래서 오십 보를 도망친 병사가 백 보를 도망친 병사를 보며 '저런 겁쟁이를 보았나?'하며 비웃었다고 합니다. 이 이야기를 어떻게 생각하십니까?"

그 이야기를 들은 혜왕은 어이없다는 듯 웃으며 말했어요.

"그게 말이 되는 이야기인가? 오십 보든 백 보든 간에, 도망쳤으면 모두 똑같은 거지. 누가 잘났고 말고 할 게 어디 있단 말인가."

그 말을 들은 맹자는 얼굴에 미소를 띠고 답했어요.

"백성들의 생각이 바로 그러할 겁니다. 왕께서는 다른 나라의 왕보다 자신이 낫다고 생각하시지만, 모든 왕들은 대동소이합니다. 모두 백성들을 아끼기보단 전쟁에 열을 올리니까요. 그 가운데 조금 잘하고 못하고 정도는 백성들에게는 보이지 않습니다. 백성들에게는 모두 똑같은 것이지요."

맹자의 말을 들은 혜왕은 그제야 자신의 잘못이 무엇인지를 깨달았어요.

<맹자> 속 대 동 소 이

오십 보를 도망친 사람이 백 보를 도망친 사람을 비웃다니. 정말 우습지요? 하지만 세상에는 의외로 그런 일들이 많답니다. 남의 잘못을 비웃기 전에 생각해 보세요. 내가 비웃는 저 사람과 내가 대동소이(大同小異), 비슷하지는 않은가 말이에요.

고전 깊이 읽기

 성선설을 주장한 맹자

　유교의 기틀을 만들어 낸 중국의 사상가 맹자, 그는 누구보다 인간에 대한 믿음이 강한 사람이었어요. 그 사실은 맹자의 주장을 살펴보면 쉽게 알 수 있죠.

　맹자는 인간이 인간다워지기 위해서는 어진 마음인 인(仁), 바른 마음인 의(義), 남을 존중하는 마음인 예(禮), 옳고 그름을 분별하는 마음인 지(智), 인의예지가 꼭 필요하다고 했어요. 그런데 맹자는 모든 사람에게 불쌍한 사람을 측은히 여기는 마음(측은지심), 자신의 잘못을 부끄러워하고 악을 미워하는 마음(수오지심), 자기를 낮추고 남에게 양보하는 마음(사양지심), 일의 옳고 그름을 가리는 마음(시비지심)이 있다고 했어요. 그리고 그 마음들이 인의예지에 이르는 단서가 된다고 했죠.

　이런 맹자의 생각이 발전해서 만들어진 게 바로 '모든 사람은 태어날 때부터 착하다.'라는 성선설(性善說)이에요. 그렇다면 인간이 악해지는 이유는 어디에 있을까요? 맹자는 그것을 욕심에서 찾아요. 물이 위에서 아래로 흐르듯 인간의 마음이 착한 것이 당연한데, 인간의 욕심이 물길을 거스르게 만든다는 것이죠. 그래서 맹자는 욕심을 줄여서 인간 본연의 착한 마음을 키워나가는 것이 교육의 최대 목표라고 주장해요.

　이런 맹자의 믿음을 정면으로 반박한 게 바로 순자예요. 순자는 '인간은 원래 악하다.'라는 성악설(性惡說)을 주장하며, 그렇기 때문에 인간을 선하게 교정하는 교육의 중요성을 강조했어요.

　맹자의 성선설과 순자의 성악설, 여러분은 무엇이 맞다고 생각하나요?

<아라비안나이트> 속 동병상련

同	病	相	憐
같을	병	서로	불쌍할

동병상련

같은 병을 앓는 사람끼리 서로 가엽게 여긴다는 뜻으로,
같은 처지에 있는 사람끼리 이해하고 돕는다는 말.

 벼룩과 생쥐

옛날 어느 도시에 부유한 상인이 살고 있었어요. 하지만 그 상인은 엄청난 구두쇠라서 남에게 베푸는 일이 한 번도 없었어요. 주변의 동물과 벌레들까지 상인의 구두쇠 심보를 알고 있었죠. 그런데 얼마 전 다른 도시에서 건너 온 벼룩은 그 사실을 알지 못했답니다. 그래서 상인의 집으로 들어가, 곤히 자고 있는 상인의 피를 빨아먹었어요. 갑자기 벼룩에게 물린 상인은 깜짝 놀라 일어났어요.

"감히 벼룩 주제에 아까운 내 피를 빨다니, 절대 용서하지 않겠다!"

그 상인은 당장 모든 하인들을 깨워 벼룩을 잡으라며 고함을 쳤어요. 갑자기 위기에 몰린 벼룩은 어쩔 줄 몰라했어요.

'피 한 방울 때문에 날 죽이려고 하다니. 정말 구두쇠로구나!'

그때 벼룩의 눈에 침실 구석에 있는 구멍이 보였어요. 벼룩은 얼른 그곳으로 몸을 피했답니다. 벼룩이 겨우 살아나 안도의 한숨을 쉬고 있는데, 갑자기 구멍 안에서 목소리가 들렸어요.

"누군데 허락도 없이 내 집으로 들어온 것인가?"

그 동굴의 주인인 생쥐였어요. 벼룩은 놀라 납작 엎드려 자신의 상황을 말했어요. 그 이야기를 들은 생쥐는 껄껄 웃었어요.

"네가 이 집의 주인이 얼마나 구두쇠인지 몰랐구나. 나도 마음껏 먹어 본 적이 한 번도 없단다. 쌀 한 톨 흘리는 것도 아까워하는 인간이거든."

벼룩과 생쥐는 서로가 동병상련의 처지임을 알고 금세 친해졌죠. 그래서 벼룩이 피를 빨 때는 생쥐가 침실로 나와 상인의 시선을 끌어 주었고, 생쥐가 음식을 훔쳐 먹을 때는 벼룩이 뛰어다니며 상인을 붙잡아 두었어요.

그렇게 벼룩과 생쥐가 친하게 지내던 어느 날, 상인은 장사를 해서 많은 금화를 벌었어요. 누구도 믿지 않았던 상인은 그 금화를 자루에 담아 자신의 베개 밑에다 넣어 두었죠. 그 모습을 몰래 지켜본 벼룩과 생쥐는 구두쇠 상인을 골려 주고 싶었어요.

상인이 잠이 들자 벼룩이 내려와 상인을 깨물었어요. 상인은 처음에는 그냥 자려 했지만 계속해서 벼룩이 자신을 깨물자 결국 참을 수 없어서 벌떡 일어났어요.

"도저히 안 되겠다. 오늘은 바닥에서 자야겠어. 내일 아침이 되면 침대를 불태워서라도 벼룩을 잡고 말 테다!"

바닥에 누운 상인이 잠이 들자, 이번에는 생쥐가 조심스레 침대로 내려왔어요. 그리고 베개 아래 숨겨 놓은 금화를 한 닢씩 물고 밖으로 나갔죠. 생쥐는 그 금화를 가난한 사람들의 집 앞에 놓아두었어요.

다음 날 아침, 상인은 잠에서 깨자마자 자신의 베개 아래에 놓인 금화 자루를 들어 보았죠. 그런데 이럴 수가! 금화가 몽땅 사라져 버린 게 아니겠어요? 하루아침에 금화를 잃어버린 구두쇠 상인은 충격을 받고 앓아누웠어요. 구멍 안에서 그 모습을 보던 벼룩과 생쥐는 통쾌함을 느끼며 웃었죠.

"평소에도 돈 자루를 쥐고 남에게 베풀지 않더니, 쌤통이구나!"

〈아라비안나이트〉 속 동 병 상 련

벼룩과 생쥐. 전혀 다를 것 같은 둘이지만 공통점이 하나 있었네요. 바로 구두쇠 상인 때문에 고통을 받았다는 것. 이처럼 같은 상황에 처한 둘은 동병상련(同病相憐)의 마음으로 금세 친해지고 구두쇠 상인까지 골려 줄 수 있었어요.

고전 깊이 읽기

우화에서 배우는 지혜

방금 본 '벼룩과 생쥐' 같은 이야기를 우화(寓話)라고 해요. 인간이 아닌 동물이나 식물, 또는 돌이나 쇠 같은 물건이 마치 인간처럼 말을 하고 행동하면서 벌어지는 이야기를 말해요. 우리가 잘 아는 〈이솝우화〉가 대표적인 예이지요.

이런 우화는 기본적으로 잘못된 사회 제도나 인간의 어리석음에 대해 꾸짖는 내용을 다루고 있어요. 하지만 그런 이야기를 직접적으로 하면 딱딱하게 느껴지기 때문에, 동물들의 이야기로 꾸미는 거예요. 그러면 어리석은 동물들의 모습이 재미있어서 쉽게 읽을 수 있고, 결국에는 그 이야기가 무엇을 말하려 하는지도 깨닫게 되니까요.

우리가 잘 아는 〈여우와 신 포도〉 우화를 떠올려 보세요. 나무에 열린 포도를 먹으려 노력하다 실패하자, 곧 포기하며 "저 포도는 시어서 못 먹는 거야."라고 투덜거리며 멀어지는 여우의 모습이 처음엔 어리석어 보이죠. 하지만 다시 생각해 보면 우리들도 목표를 이루려다 실패하면, 더욱 노력하기보다는 '그건 어차피 안 되는 거였어.'라고 포기하는 경우가 많잖아요. 그런 우리가 어리석은 것이며, 부끄러워해야 한다는 게 〈여우와 신 포도〉 우화의 교훈이죠.

우리가 방금 읽은 〈벼룩과 생쥐〉 우화도 마찬가지예요. 욕심 많은 상인을 골탕 먹이려고 힘을 합치는 벼룩과 생쥐의 모습이 흥미진진하지만, 결국에는 우리 역시 욕심을 부리다가는 혼쭐이 날지도 모른다는 교훈을 이야기해 줘요.

앞으로 우화를 읽을 때는 한번쯤 생각해 보세요. '이 재미있는 이야기 속에 작가가 어떤 교훈을 말하려고 한 것일까?' 하고요.

〈베니스의 상인〉 속 모 순

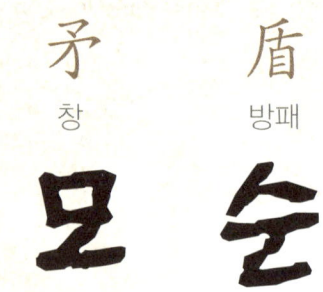

矛 盾
창 방패

모 순

말이나 행동의 앞뒤가 서로 맞지 않음을 일컫는 말.

 살 1파운드를 받으려 한 고리대금업자 샤일록

"안토니오는 차용증에 적힌 대로 샤일록에게 심장에서 가까운 살 1파운드를 주도록 해라."

재판관의 말이 떨어지자 샤일록은 음흉한 미소를 지었어요. 지금까지 자신을 깔보던 안토니오에게 복수할 기회를 잡았기 때문이에요.

샤일록은 안토니오가 자신에게 돈을 빌리러 왔을 때, 도무지 이해할 수가 없었어요. 목숨보다 귀중한 돈을 친구에게 주기 위해서 빌리다니. 그것도 친구 바사니오가 무슨 급한 일이 있는 게 아니라, 단지 결혼할 돈이 필요한 것뿐이었는데 말이죠.

'정말 안토니오 그 놈이 내 마음에 조금만 들었더라도 돈의 귀중함에 대해

충고를 해 줬을 텐데…….'

하지만 샤일록은 충고 대신 돈을 빌려 주었어요. 그리고 무시무시한 내용의 차용증을 쓰게 했죠. 기한 내에 돈을 갚지 못하면 안토니오의 살을 1파운드, 그러니까 500g이나 떼어 낸다는 것이었죠. 그것도 심장에서 가까운 쪽의 살로요! 그건 돈을 갚지 못하면 안토니오를 죽이겠다는 말이나 다름없었어요.

안토니오의 친구 바사니오는 돈을 받자마자 사라져 버렸고 지금까지 돌아오지 않았어요. 모두 샤일록의 생각대로였죠.

'이렇게나 일이 잘 풀리다니. 히히.'

안토니오는 베니스에서도 수완 좋은 상인이었기 때문에 샤일록에게 돈을 갚을 만한 능력이 있었어요. 샤일록이 그런 악의적인 차용증을 쓰게 한 것은 그가 돈을 갚지 못할까 봐 그런 게 아니라, 그의 기분을 상하게 만들려고 한

의도였어요. 그런데 안토니오의 재산이 하루아침에 물거품이 되어 버리는 사건이 벌어졌어요. 안토니오의 무역선들이 풍랑을 맞아 바닷속으로 가라앉아 버린 것이죠. 그 이야기를 들은 샤일록은 뛸 듯이 기뻐하며 안토니오에게 달려갔어요. 그리고 당장 빚을 갚던가, 차용증의 내용을 따르라고 따졌어요. 그 결과 지금의 재판이 열렸고, 재판장이 샤일록의 손을 들어준 거예요.

샤일록이 낄낄거리며 좋아하고 있는데, 재판장이 말을 이었어요.

"하지만 이 차용증에는 안토니오의 피에 대해서는 아무 언급이 없다. 그러니 샤일록은 안토니오의 살 1파운드를 떼어갈 때 피를 흘려서는 안 된다. 만약 피가 한 방울이라도 흐른다면 계약 위반의 죄로 전 재산을 압수할 것이다."

살을 떼는데 피를 흘리지 않게 하라니! 이런 모순이 어디 있나요? 하지만 샤일록이 하나 몰랐던 게 있어요. 재판관의 정체가 바로 바사니오가 청혼한 여인 포샤가 변장한 것이라는 걸 말이에요. 현명한 여인인 포샤는 안토니오의 사정을 알고, 그를 돕기 위해 일을 꾸민 것이었죠.

안토니오를 괴롭히려다 자신의 전 재산을 압수당할 위기에 처한 샤일록은 결국 스스로 빚 받는 걸 포기할 수밖에 없었답니다.

<베니스의 상인> 속 모 순

"살을 떼는데 피를 흘리지 마라." 이처럼 앞뒤가 맞지 않는 상황을 모순(矛盾)이라고 해요. '어떤 창이라도 막을 수 있는 방패'와 '어떤 방패라도 뚫을 수 있는 창'을 파는 초나라의 상인 이야기에서 유래한 말이지요. 상인의 호언장담을 듣던 한 구경꾼이 "그럼 그 예리한 창으로 그 견고한 방패를 찌르면 어찌 되는 거요?"라고 질문함으로써 상인의 말이 잘못되었다는 것을 꼬집었다고 해요.

고전 깊이 읽기

〈베니스의 상인〉은 유대인을 차별했다?

셰익스피어의 희극 중 가장 유명한 작품인 〈베니스의 상인〉은 지금도 연극으로 공연되고 있어요. 이 작품은 특히 악덕 고리대금업자 샤일록이 자신의 꾀에 속아 넘어가는 장면에서 많은 사람들의 웃음을 자아내죠. 하지만 〈베니스의 상인〉이 당시 16세기 영국에 퍼져 있던 유대인에 대한 차별적 시선을 담은 작품이란 걸 알고 있나요?

당시 자신의 고향을 떠나 떠돌아다니던 유대인들은 특유의 근면함을 무기로 많은 재산을 모았죠. 돈만 밝히는 고리대금업자 샤일록의 모습은, 당시 영국인들이 떠올리는 유대인의 전형적인 모습이었어요. 16세기 영국은 기독교가 국교인 나라였어요. 하지만 유대인들은 자신들의 종교인 유대교를 버리지 않았죠. 그 모습 역시 영국인들에게는 불만이었을 거예요. 〈베니스의 상인〉 마지막 장면에서 샤일록이 전 재산을 빼앗기고 감옥에 끌려갈 위기에 처했을 때, 안토니오가 나타나 샤일록을 감옥에 보내는 대신 기독교로 개종하게 해요. 선처를 베푸는 듯하면서 기독교의 우월성을 강조한 장면이죠. 세계적인 대문호 셰익스피어마저 유대인에 대한 차별적 시선에는 자유롭지 못했던 거예요. 이렇게 유대인에 대한 유럽인들의 뿌리 깊은 차별은 결국 세계 2차 대전을 일으킨 히틀러가 유대인을 학살하게 만드는 명분이 되기도 해요.

이런 이유로 현대에 〈베니스의 상인〉이 공연될 때는 샤일록을 재조명하기도 해요. 자신을 차별하는 영국인들 사이에서 살아남기 위해 독해져야만 하는 외로운 인물로 재탄생하는 것이죠.

<흥부가> 속 부화뇌동

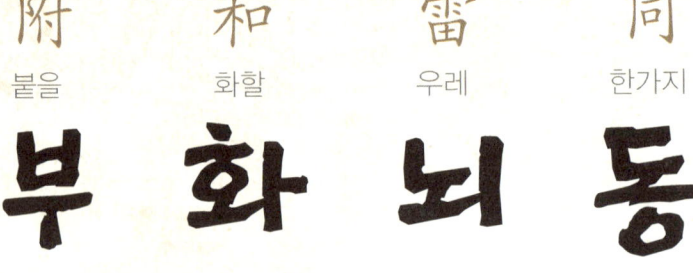

附 和 雷 同
붙을 화할 우레 한가지

부 화 뇌 동

자신의 생각 없이 남의 의견을 그대로 좇아서 행동한다는 뜻.

 제비 다리를 부러뜨린 놀부

　동네 최고 구두쇠에 심술보 대장인 놀부. 지지리도 못살던 한심한 동생 흥부가 부자가 되었다는 소식을 듣더니만 갑자기 배가 살살 아프기 시작하는데, 바로 심술보가 꼬여서 그런 것이더라. 뒷간 출입을 몇 번이고 해도 나아지지를 않던 차에, 대체 흥부가 무슨 수로 그렇게 많은 재물을 모았을까 궁금해진 놀부. 바지도 제대로 안 올리고 한걸음에 흥부 집으로 달려가 보는데!
　"이상하다, 이상하다. 분명히 흥부 집이 이 근처였는데, 그 전에 봤던 다 쓰러져 가는 초가집은 온데 간데 없고 우리 집보다 훨씬 으리으리한 기와집만 떡하니 버티고 서 있구나."
　한참을 찾아도 동생 집이 보이지 않자 길 가던 행인을 붙잡고 물어보는 놀부. 그런데 어이쿠! 바로 그 기와집이 흥부 집이라는 게 아닌가.

놀부가 흥부 집 안에 들어가서는 그득히 쌓여 있는 재물과 쌀을 보고 욕심이 나 침을 질질 흘려 대는데, 비단옷 멀끔히 차려입은 흥부가 달려와 인사를 꾸벅 하는구나.

"아이고, 형님. 오셨습니까. 제가 먼저 찾아뵈었어야 하는데, 죄송합니다."

흥부는 처음으로 자신의 집을 찾아온 형님에게 좋은 마음으로 인사를 하는 것인데, 심사가 꼬인 놀부가 보기에는 자신을 놀리는 것만 같아서 영 심사가 좋지 않더라. 하지만 그건 그것이고, 흥부가 돈을 어찌 벌었는지 궁금해 쓰러질 지경인 놀부가 연거푸 물어보자 흥부가 입을 여는데.

"형님. 사실은 예전에 제가 구렁이에게 잡아먹힐 뻔한 제비를 구해 줬습니다요. 그런데 살펴보니 제비 다리가 부러져서 그걸 또 치료를 해 주었지요. 그러니 그 제비가 강남 갔다 오면서 박씨를 하나 물어다 주지 않겠습니까? 그 박씨를 심으니 커다란 박이 열렸는데, 그 박을 썰자마자 그 안에서 온갖 보물이 쏟아져 나왔습죠."

놀부, 그 말을 듣자마자 집으로 냉큼 돌아가는데 머릿속에는 '제비 다리를 치료해서 박씨를 받아야 한다.'라는 생각밖엔 없더라. 그날부터 놀부가 하루 종일 마당에서 제비 다리가 언제 부러질까 보는데, 아무리 기다려도 소식이 없구나. 그러자 나쁜 꾀로만 머리가 돌아가는 놀부 마누라가 말하기를,

"제비 다리를 부러뜨리고, 고쳐주면 되는 게 아니겠소?"

부화뇌동한 놀부는 그 길로 죄 없는 제비 한 마리를 잡아다가는 다리를 똑 부러뜨리고는 다시 치료해 주니, 병 주고 약 준다는 말이 딱 맞아 떨어지는구니. 그런 흉악한 짓을 해놓고는 제비가 박씨를 물고 오기만을 기다리는 놀부, 그런데 신기하게도 정말 강남 다녀온 제비가 놀부네 집에다 박씨를 턱 던져 놓고 가는 게 아닌가. 놀부가 신이 나 이제 부자 될 일만 남았다며 박씨를 심

고는 박이 무럭무럭 자라가는 걸 흐뭇하게 바라보는데……. 그 박 안에 든 게 똥무디기에 흉악한 도직떼라는 걸 알게 되면 저 놀부 얼굴이 어떻게 변할지 참으로 궁금하구나!

<흥부가> 속 부 화 뇌 동

흥부가 부자가 된 것은 제비를 불쌍히 여긴 착한 마음씨 때문이었어요. 하지만 욕심쟁이 놀부는 그 마음은 깨닫지 못한 채 마누라의 나쁜 꾀에 부화뇌동(附和雷同)하다, 곧 큰 변고를 치르게 생겼네요.

고전 깊이 읽기

 ## 우리나라 최고의 예술, 판소리

　앞에서 읽은 흥부 놀부 이야기, 뭔가 특이하게 쓰여 있다는 생각을 하지 않았나요? 앞의 제목을 다시 한 번 보세요. 〈흥부전〉이 아니라 〈흥부가〉라고 되어 있죠? 앞의 이야기는 동화 형식이 아니라 판소리 형식으로 쓰여진 글이에요.
　사실 우리가 모든 이야기를 글로 읽을 수 있게 된 건 그렇게 오래된 일이 아니에요. 세종대왕이 한글을 창제하기 전에는, 일단 글을 읽을 수 있는 사람이 거의 없었죠. 게다가 한글이 만들어진 이후에도 먹고 살기 힘든 서민들에게 글은 그렇게 중요한 문제가 아니었어요. 그래서 대부분의 서민들이 까막눈으로 살아야 했죠. 그런 사람들을 위해 전문 이야기꾼이 생겨나기 시작했어요. 이야기꾼들은 자신들이 아는 이야기를 사람들 앞에서 재미나게 풀어내고, 그 대가로 돈을 받았죠. 이들이 관객들에게 이야기를 좀 더 재미있고 신명나게 들려주려는 노력을 하면서 민요조의 가락이 들어가고, 옆에서 추임새를 넣는 고수가 생겼고, 일인 다역의 연기를 하는 몸짓이 들어갔을 거예요. 그렇게 조선 숙종 때 생겨난 판소리는 당시 민중 문화의 집결체라고 할 수 있죠. 그래서 그 중요성을 인정받아 2003년 11월 7일 유네스코의 세계무형유산으로도 지정되었어요.
　누군가는 판소리를 재미없는 옛날이야기로만 생각하는데, 그렇지 않아요. 관객들과 함께 호흡하며 가락을 실어 들려주는 이야기라면 어떤 이야기든 판소리가 될 수 있어요. 요즘에는 젊은 세대들을 위한 창작 판소리도 많이 나오고 있어요. 온라인 게임 '스타크래프트'를 소재로 한 판소리도 나왔다고 하니, 정말 재미있겠죠?

《초한지》 속 사면초가

四面楚歌
넉 낯 초나라 노래

사면초가

사방이 막힌 채 고립되어, 구원 받을 곳이 없는 것을 말함.

 사방에서 들리는 초나라의 노랫소리

    중국 역사상 처음으로 중국 전역을 통일하고 왕 중의 왕, 황제가 된 사람이 누군지 아세요? 바로 진나라의 황제 진시황이에요. 당시 진시황은 막강한 군사력을 바탕으로 공포 정치를 펼쳤죠. 한마디로 자기 마음에 들지 않으면 모두 죽이겠다는 거였죠. 그런 정치가 잘 될 수는 없는 일, 진시황이 죽자마자 각지에서 반란이 일어났고, 전국은 혼란에 빠졌죠. 그때 가장 강한 세력을 가진 사람이 바로 초나라의 왕 항우였어요. 엄청난 장사였던 항우는 군사를 모아 진나라를 물리쳤어요. 하지만 항우에게는 한 가지 약점이 있었는데, 바로 힘만 믿고 머리를 쓰지 않는다는 거였어요. 반면 초나라와 싸워 볼 만한 세력으로, 유방이 이끄는 한나라가 있었어요. 유방은 원래부터 힘을 쓰는 싸움에는 자신이

없었어요. 대신 신하들의 말을 귀담아 듣고, 머리를 쓰려고 했죠. 결국 진나라가 멸망한 후 초나라와 한나라는 5년 동안 천하통일을 위한 전쟁을 벌여요. 처음에는 강력한 힘을 가진 항우가 계속해서 승리했죠. 하지만 너무도 무리한 싸움을 벌인 탓에 항우는 서서히 지쳐가요. 결국 먼저 휴전을 제의하죠. 기나긴 싸움에 지쳤던 유방도 선뜻 휴전을 받아들여요.

항우는 곧장 초나라의 수도인 팽성으로 향해요. 유방 역시 한나라의 수도인 한중으로 가려 했죠. 하지만 그때 유방의 부하들이 입을 모아 말했어요.

"지금이 항우를 이길 절호의 기회입니다. 얼른 말 머리를 돌려서 항우를 공격해야 합니다."

그 말을 받아들인 유방은 얼른 항우의 뒤를 쫓아가 공격을 시작해요. 한껏 마음을 놓았던 항우는 갑작스러운 공격에 당황해서 수많은 군사를 잃었죠. 그

리고 결국 한나라 대군에 포위되는 상황에 놓여요. 항우는 자신을 배신한 유방에게 화를 내며 목숨이 다할 때까지 싸우기로 마음먹어요.

그런데 밤이 되자 이상한 일이 벌어져요. 사방에서 초나라의 노랫소리가 들리기 시작한 거예요. 초나라 병사들은 자신들의 고향에서 늘 듣던 노랫소리가 울려 퍼지자 눈물을 흘렸죠.

'내가 이렇게 싸우다 죽으면 고향에 계신 부모님은 어떡하지? 내 아내와 아이들은? 여기서 항우를 따르다 죽을 순 없어. 도망쳐야지!'

고향이 그리워진 초나라 병사들은 창과 방패를 버리고 어둠을 틈타 도망치기 시작했어요. 곧 항우 곁에는 한 줌의 병사들 밖에 남지 않았죠. 항우 역시 사방에서 들리는 초나라의 노랫소리에 절망했어요.

'내가 여기 있는 사이에 초나라가 이미 멸망했구나. 그렇지 않고서야 어떻게 초나라 사람들이 도처에서 노래를 부른단 말인가…….'

사면초가에 놓인 항우는 모든 걸 포기하고 스스로 자결하고 말아요.

사실 초나라 노래가 들린 것은 유방의 부하 장량의 계책이었어요. 자신들에게 붙잡힌 초나라 포로들을 시켜 노래를 부르게 한 것이었죠. 결국 초나라는 그 노래로 멸망하게 된 것이에요.

〈초한지〉 속 사 면 초 가

〈초한지〉를 보다 보면 항우가 너무 성급하게 생각했기 때문에 스스로 멸망을 앞당겼다는 생각도 들어요. 우리는 사방 모든 것이 막혀 구원받을 길이 없어 보이는 사면초가(四面楚歌)의 상황에도 절대 포기하지 않기로 해요.

고전 깊이 읽기

 ## 〈초한지〉와 〈삼국지〉 속 평행이론

〈삼국지〉와 〈초한지〉는 중국 역사 소설 중에서도 손꼽히는 책들이에요. 유방이 한나라를 세워 중국을 통일하는 과정을 그린 〈초한지〉와, 한나라가 멸망하자 다시 한 번 중국을 통일하려는 유비, 조조, 손권 세 영웅을 다룬 〈삼국지〉.

이 두 소설 사이에 재미있는 평행이론이 존재한다는 사실, 알고 있나요?

먼저 〈초한지〉의 주인공인 유방과 〈삼국지〉의 주인공인 유비. 유방은 한나라의 황제가 되고, 유비는 한나라의 황실 중산정왕의 후손이에요. 그러니 유비는 유방의 먼 자손이 되는 셈이죠. 그리고 유방과 유비는 가진 능력도 비슷해요. 힘이 세지도 않고, 지혜가 높지도 않지만 인덕이 높아서 주변에 훌륭한 사람들이 많이 모이죠. 유방에게는 장양, 번쾌, 한신과 같은 신하가 있었고, 유비에게는 관우, 장비, 제갈공명, 조운 같은 신하가 있었죠. 유방의 군사이자 대장군인 한신과, 유비의 군사인 제갈공명도 비슷하지요. 한신은 자신을 알아줄 사람이 올 때까지 일부러 거지꼴을 하고 다니다 항우의 밑에 들어가죠. 하지만 자신을 무시하는 항우를 떠나 유방에게로 가 그를 도와요. 제갈공명 역시 처음에는 조조에게 찾아가려는 마음이 있었어요. 하지만 자신을 세 번이나 찾아오는 유비의 정성에 감동해 그를 모시게 되며, 촉나라를 세우고 전국을 통일하는 데 온 힘을 쏟죠.

그렇다면 유방의 라이벌이었던 항우는 〈삼국지〉의 누구와 평행이론을 이루고 있을까요? 바로 여포예요. 둘 다 일당백의 장수였지만, 성격이 급하고 단순해서 손해를 볼 때가 많았죠. 게다가 항우에게는 우희, 여포에게는 초선이라는 최고의 미녀가 있었다는 것까지 똑같지요. 어때요. 소름 돋지 않나요?

〈법구경〉 속 사 상 누 각

沙 上 樓 閣
모래 위 다락 집

사 상 누 각

겉모양은 번듯하나 기초가 약하여
오래가지 못할 일이나 물건을 두고 하는 말.

 ## 석가모니를 배신한 데바닷타

석가모니 부처님이 도를 깨우치고 제자들을 가르칠 때의 일이에요. 부처님의 제자 중에 데바닷타라는 사람이 있었답니다. 그는 처음에 부처님의 제자가 되었을 때만 해도 열심히 도를 닦으려 했어요. 하지만 곧 반복되는 수행에 싫증을 느끼고 나태하게 변했어요. 그러면서도 욕심은 많아서, 부처님처럼 수많은 제자를 이끌며 이름을 날리길 원했죠.

데바닷타는 듣기 좋은 말로 사람들을 꼬드겨 자신의 세력을 키워나갔어요. 그러면서 그는 마가다 왕국의 태자인 아자타샤트루와 친분을 쌓아 나갔어요.

"태자여, 당신은 당신의 아버지보다 훨씬 더 훌륭한 왕이 될 능력이 있습니다. 그런데 어찌 무능한 아버지가 왕위를 차지하는 걸 보고만 있단 말입니까."

데바닷타의 꼬드김에 넘어간 아자타샤트루 태자는 반란을 일으켜 아버지를 감옥에 가두고 스스로 왕위에 올랐죠. 그의 위세를 등에 업은 데바닷타는 점점 오만해져 갔어요.

어느 날, 부처님이 제자들 앞에서 설법을 하고 있을 때 데바닷타와 그를 따르는 무리가 나타났어요. 데바닷타는 거만한 표정으로 부처님에게 말했죠.

"부처님, 부처님은 너무 늙으셨습니다. 이제 그만 저에게 교단을 넘겨주시고 편히 쉬시죠."

"데바닷타야, 나는 아직 누구에게도 교단을 넘기겠다고 생각한 적이 없다. 그리고 만약 내가 교단을 넘긴다면 내 총명한 제자인 목련이나 사리불에게 넘길 것이다. 네 이론은 사상누각인데 어찌 교단을 이어받겠느냐."

그 말에 데바닷타는 자존심에 큰 상처를 입고 돌아갔어요. 그리고 부처님을 죽여서라도 교단을 빼앗겠다는 무서운 결심을 했어요.

처음에 데바닷타는 자객들에게 부처님을 죽이라고 명령했어요. 하지만 정작 자객들은 부처님의 모습을 보자마자 자신의 잘못을 깨닫고, 부처님의 제자가 되었어요.

두 번째로 데바닷타는 부처님이 벼랑길을 지나갈 때 커다란 바위를 굴려 떨어뜨렸어요. 하지만 바위는 골짜기의 좁은 틈에 걸려 부처님 머리 바로 위에서 멈추었어요.

마지막으로 데바닷타는 미친 코끼리를 부처님이 지나가시는 길 앞에 풀어 놓았어요. 그러자 신기하게도 코끼리는 온순해져서 부처님 앞에 무릎을 꿇었어요.

멀리서 그 모습을 본 아자타샤트루 왕의 마음이 움직였어요. 지금껏 데바닷타의 말에 홀려 부처님을 멀리 하고 자신의 아버지를 감옥에 가둔 것이 큰 잘못임을 깨달았죠.

모든 것을 잃은 데바닷타는 분노에 미쳐 자신의 열 손톱에 독을 물들인 후 부처님을 죽이겠다며 뛰어갔어요. 하지만 데바닷타가 부처님 앞에 서자마자, 갑자기 데바닷타가 선 땅이 갈라졌어요. 결국 그는 산 채로 땅속 지옥으로 빠져 버렸죠.

〈법구경〉 속 사 상 누 각

데바닷타는 자신의 말솜씨로 부처님 못지 않은 권세를 누렸어요. 하지만 자신의 온전한 능력으로 이룬 일이 아니었기 때문에, 그의 권세는 곧 모래성이 무너져 내리는 사상누각(沙上樓閣)의 모습처럼 사라져 버렸답니다.

고전 깊이 읽기

 ## 불경, 어렵지 않아요!

〈법구경〉은 인도의 승려 법구가 인생에 지침이 될 만한 석가모니의 말씀을 모아 기록한 경전이에요. 이렇게 부처님의 생애와 말씀을 기록한 대표적인 경전 〈법구경〉을 비롯해 불교에는 수많은 불경이 존재해요. 합천 해인사에서 보관 중인 '팔만대장경'이 대표적인 경우죠. 그런데 옛날 말로 적혀진 불경을 어렵다고 생각하는 사람들이 많은데, 사실은 그렇지 않아요.

부처님은 도를 깨우치고 인도 전역을 떠돌며 설법을 했어요. 그런데 부처님의 설법을 듣는 사람들은 대부분 교육을 받지 못한 하층민들이었어요. 부처님은 그들에게 어려운 말로 이야기를 하는 건 잘못된 것이라고 생각했어요. 그래서 최대한 많은 사람들이 이해할 수 있게, 재미난 이야기 속에 교훈을 담아서 이야기했어요. 그 이야기는 지금 읽으면 동화처럼 보이기도 해요.

부처님이 동화로 사람들에게 이야기하고 싶어 했던 건 바로 '어떻게 살아야 할 것인가?'에 대한 문제였어요. 이 점이 불교와 다른 종교의 가장 큰 차이점이기도 하죠. 대부분의 종교가 죽음 이후의 이야기를 할 때, 불교는 삶의 자세에 대한 이야기를 하거든요. 그래서 누군가는 불교는 하나의 생활 철학이지, 종교가 아니라고 이야기하기도 해요. 뭐, 아무렴 어떤가요. 불경을 읽으며 진정한 삶의 자세를 깨닫는다면 그건 분명 값진 일일 텐데요. 그래서 부처님도 그렇게 말씀하셨을 거예요.

"마음을 비우고 깨달음을 얻는다면 누구나 부처가 될 수 있다."

⟨우리 신화 이야기⟩ 속 사 필 귀 정

事 必 歸 正
일 반드시 돌아갈 바를

사 필 귀 정

모든 일은 반드시 바른 길로 돌아온다는 뜻.

 한날한시에 세 아들을 잃은 과양생이 부부

옛날 아주 먼 옛날, 어느 마을에 과양생이 부부가 살고 있었어요. 그 부부의 가장 큰 자랑거리는 바로 공부면 공부, 무예면 무예, 어떤 재주건 나라 제일이라고 소문이 자자한 세쌍둥이 아들이었어요. 세쌍둥이 아들이 열다섯이 되던 해에 나라에서 귀하게 쓸 인재를 뽑는 시험이 있었어요. 세쌍둥이 아들이 가만히 있을 리가 없었죠. 함께 시험을 보고는 1, 2, 3등을 나란히 차지했죠. 신이 난 과양생이 부부는 사람들을 불러 모아 잔치를 벌였어요. 한창 흥이 오를 때, 세 아들이 도착했다는 이야기가 들렸죠.

"어이구, 내 자식들이 왔구나. 어서 나가 봐야지."

과양생이 부부가 얼른 나가 보니 세 아들이 들어올 생각을 하지 않고 우뚝서 있었어요. 과양생이 부부가 아무리 불러도 아무런 대답이 없었어요. 이상하게 여긴 과양생이 부부가 다가가 살펴보니, 이럴 수가! 세 아들 모두 선 채로 하늘나라로 가 버린 게 아니겠어요!

과양생이 부부는 주저앉아 몇날 며칠을 가슴을 치며 울었어요. 하지만 그럴수록 가슴만 답답해지고, 억울함만 쌓여 갔어요.

'어떻게 한 명도 아니고, 두 명도 아니고, 아들 셋이 한날한시에 죽을 수 있단 말인가! 세상에 이럴 수는 없다.'

과양생이 부부는 고을 원님에게 찾아가 화를 내고 욕을 퍼부었어요.

"우리의 억울함도 못 풀어 주면서 무슨 놈의 원님이더냐! 당장 그만 둬라, 이놈아!"

그 욕을 듣느라 잠도 못 자고 밥도 못 먹게 된 원님은 점점 지쳐갔어요. 그래서 결국 자기 부하 중 가장 유능한 강림 도령에게 강제로 명령을 내렸어요.

"네놈이 죽을 것이냐, 아니면 저승에 가서 염라대왕을 데리고 올 것이냐!"

사실 원님도 진짜 염라대왕을 데리고 올 걸 기대한 건 아니었어요. 그냥 과양생이 부부에게 할 말이 필요했던 것이죠.

그런데 3년 후, 정처 없는 길에 나섰던 강림 도령이 돌아온 게 아니겠어요? 게다가 강림 도령이 돌아온 그날 오후, 무지개빛 구름과 함께 염라대왕이 원님 앞에 나타났어요. 막상 염라대왕을 보자 벌벌 떠는 원님과 달리, 과양생이 부부는 금방이라도 대들 듯 물어보았어요.

"염라대왕님, 대체 저희 세 아들들이 어떻게 한날한시에 죽을 수가 있단 말입니까?"

그러자 염라대왕은 눈을 부릅뜨며 과양생이 부부를 노려보았어요.

"20년 전, 어느 삼형제가 너희 집에 묵었던 걸 기억하느냐. 그때 너희들은 삼형제의 짐보따리에 든 보물을 보고 욕심을 냈지. 그래서 독약을 먹여 삼형제를 죽이고, 그 보물을 빼앗지 않았느냐. 졸지에 삼형제를 잃었던 부모님의 마음이 얼마나 아팠겠느냐. 그 기분을 느껴 보라고 내 직접 벌을 내린 것이다."

염라대왕이 손을 한 번 흔들자, 땅이 갈라지며 죽었던 세쌍둥이가 다시 살아났어요. 바로 20년 전, 과양생이에게 목숨을 잃었던 그 삼형제였죠.

그렇다면 과양생이 부부는 어떻게 되었을까요? 자신들의 악행이 밝혀지는 순간, 선 자리에서 죽고 말았죠. 사필귀정이라는 말처럼요. 그런데 그 부부의 죽은 몸에서 태어난 것이, 바로 남의 피를 빨아먹고 사는 모기라는 사실, 알고 있나요?

<우리 신화 이야기> 속 사 필 귀 정

사정을 몰랐더라면 한 번에 세 아들을 잃은 과양생이 부부를 동정할 뻔 했어요. 이래서 모든 일은 사필귀정(事必歸正), 올바르게 향한다는 거예요. 그러니 남들이 모른다고 나쁜 일 할 생각은 절대 하지 말아요.

고전 깊이 읽기

 ## 저승사자가 된 강림 도령

　과양생이 부부 이야기에서 우리가 잊지 말아야 할 인물이 있어요. 바로 원님의 명령을 받고 저승으로 가 염라대왕을 데리고 온 강림 도령이에요. 살아 있는 자의 신분으로 저승으로 향하는 용기, 그리고 염라대왕을 데리고 오기까지 하는 뚝심은 그야말로 영웅의 모습이죠. 그래서일까요, 강림 도령이 마음에 든 염라대왕은 그를 저승으로 데리고 가요. 그리고 죽은 영혼을 저승으로 데리고 오는 임무를 맡겨요. 우리가 흔히 생각하는 검은 갓에 검은 도포를 입고 창백한 얼굴을 한 '저승사자'의 원조가 바로 강림 도령인 것이죠.

　염라대왕은 강림 도령에게 첫 임무를 맡겨요. 바로 동방삭을 잡아오는 일이었어요. 동방삭은 정해진 수명이 다했음에도 불구하고 염라대왕의 눈을 피해 다니며 삼천 년이나 산 인물이었어요. 강림 도령은 잠시 고민하다 까만 숯덩이 하나를 가지고 이승으로 내려갔어요. 그러고는 개울가에 앉아 숯을 씻었죠. 누가 물어보면 그저 한 마디만 했어요.

　"숯이 하얗게 될 때까지 씻는 중입니다."

　다들 강림 도령을 이상한 사람 취급하며 지나갔죠. 그렇게 며칠이 흘렀을 때, 웬 노인이 강림 도령을 보고는 비웃었어요.

　"내가 지금까지 삼천 년을 살았는데, 숯을 씻어서 하얗게 만든다는 이야긴 들어본 적이 없다, 이놈아!"

　그 말을 듣자마자 강림 도령은 숯을 내팽개치고 노인을 붙잡았어요. 바로 그 노인이 삼천 년을 산 동방삭이었던 것이죠!

　그 일을 계기로 강림 도령은 염라대왕의 총애를 받게 되었답니다.

<삼국유사> 속 살 신 성 인

殺　　身　　成　　仁
죽일　　몸　　이룰　　어질

살 신 성 인

목숨을 버려 어진 일을 이룬다는 뜻.

 화랑 김현이 호랑이를 죽이다

　달 밝은 밤, 신라의 화랑 김현은 탑돌이를 하다가 첫눈에 반할 정도로 아름다운 여인을 만났어요. 그 여인 역시 김현을 보고 첫눈에 반했는지 눈이 마주치자 미소를 지었죠. 둘은 금세 사랑에 빠졌고, 그 자리에서 부부의 연을 맺었어요. 여인과 김현은 함께 여인의 집으로 향했죠.

　그런데 둘이 집에 도착했을 때, 밖에서 사나운 호랑이 소리가 들려왔어요. 그러자 여인은 얼른 김현을 창고로 데리고 갔어요. 곧 험상궂게 생긴 삼형제가 집 안으로 들어왔어요. 바로 여인의 세 오빠들이었죠. 그런데 삼형제가 갑자기 코를 벌름거렸어요.

　"먹음직한 사람 냄새가 나는데? 배도 고픈데 찾아서 잡아먹어야겠다!"

사람이 사람을 잡아먹다니! 김현은 자신의 귀를 의심했어요. 그런데 자세히 보니 그 삼형제의 모습은 다른 사람들과 달랐어요. 온몸에 털이 나 있고, 손톱과 이빨은 날카롭게 나와 있었어요. 흡사 호랑이와 같았죠. 김현은 삼형제의 모습을 자세히 관찰하기 위해 몸을 일으켰어요. 그러다 그만 삼형제에게 들키고 말았어요!

"저기 있구나! 이놈!"

삼형제는 여인이 말릴 겨를도 없이 김현을 향해 달려갔어요. 그런데 그때! 하늘에서 벼락이 내리치더니 우렁찬 목소리가 들려왔어요.

"이놈들, 너희들이 어찌 마을에 내려와 사람 행세를 하며 사람을 잡아먹는 것이냐. 안 되겠다. 내 너희들의 목숨을 거둬 가겠노라."

그 말을 들은 삼형제는 겁에 질려 벌벌 떨었어요. 그때 여인이 말했어요.

"오빠들, 빨리 산속으로 도망가세요. 하늘의 벌은 제가 대신 받을게요."

그 말을 들은 삼형제는 한달음에 도망쳐 버렸어요. 김현과 단 둘이 있게 된 여인은 눈물을 흘리며 말했어요.

"저와 제 세 오빠들은 호랑이랍니다. 하늘이 제 오빠들의 악행을 벌하려 하니, 제가 그 죄를 대신 받으려 합니다. 다른 것은 하나도 서럽지 않으나, 이렇게 부부의 연을 맺자마자 서방님과 이별해야 하는 게 너무도 슬픕니다. 서방님, 제 말을 잘 들으세요. 저는 내일 호랑이로 변해서 서라벌 시내에 나타날 것입니다. 아무도 저를 막을 수 없을 것이니, 왕이 저를 잡는 사람에게 큰 벼슬을 내린다 할 것입니다. 그때 와서 저를 죽여 주세요. 이게 제가 서방님께 드릴 수 있는 유일한 선물입니다."

김현은 비록 호랑이긴 하시만, 자신과 부부의 연을 맺은 이가 그리 말하자 슬퍼 눈물을 흘렸어요. 하지만 여인이 몇 번이고 간곡하게 말하자 결국 고개를 끄덕였죠.

다음 날, 서라벌 시내에 커다란 호랑이가 나타나 모든 백성들이 공포에 떨었어요. 병사들이 출동했지만, 신출귀몰한 호랑이에게는 상대가 되지 않았죠. 결국 왕이 '호랑이를 잡는 자에게 큰 벼슬을 내리겠다.'고 선포했어요. 그때 김현이 칼을 메고 나타났죠. 칼을 든 김현이 호랑이를 따라 숲으로 들어가자 여인으로 변한 호랑이가 칼로 자신을 찔렀어요.

이후 큰 벼슬을 받은 김현은 절을 짓고, 살신성인한 호랑이의 명복을 빌며 은혜를 갚았답니다.

<삼국유사> 속 살 신 성 인

오빠들의 죄를 대신 받으면서도, 자신이 사랑한 김현을 위해 목숨을 바친 호랑이 여인이 너무 안됐지요? 이렇게 살신성인(殺身成仁)한 호랑이 여인을 위해 절을 지어 준 김현 덕분에, 호랑이 여인도 하늘나라에서 편히 쉴 수 있었을 거예요.

고전 깊이 읽기

 잃어버릴 뻔했던 우리의 소중한 이야기

일연은 1206년, 경북 경산에서 태어난 고려 시대의 뛰어난 스님이었어요. 하지만 우리가 일연의 이름을 지금까지 기억할 수 있는 건, 바로 그가 쓴 〈삼국유사〉 때문이죠. 〈삼국유사〉는 삼국 시대의 역사를 기록한 역사서예요.

일연은 〈삼국유사〉를 쓸 때 우리 민족의 역사를 우리 민족의 기록으로만 쓰려고 노력했어요. 그래서 〈삼국유사〉에는 그 전까지 다른 역사서에서는 다루지 않았던 단군신화와 고조선의 이야기가 나와요. 단군왕검을 우리나라의 시작으로 본 최초의 역사서인 것이죠.

또한 남들이 이야기책이라고 비하한 〈삼국유사〉 속의 황당한 이야기들은, 실은 이 책의 가장 큰 장점이에요. 우리가 일반적으로 이야기하는 고대의 역사란 것은 '왕 중심의 역사'예요. 몇 대 왕이 있었고, 그 후손이 어떤 왕이고 하는 식 말이죠. 하지만 그런 역사서는 그 시대 사람들이 어땠는지를 보여 주지 못해요. 하지만 〈삼국유사〉 속의 이야기들은, 당시 삼국 시대 사람들이 어떤 생각을 가졌는지를 보여주는 소중한 자료가 돼요.

〈삼국유사〉의 '유사'는 '잃어버린 사건'이라는 뜻이에요. 일연이 삼국 시대의 이야기들이 사라지는 걸 막기 위해 이 책을 썼다는 걸 알 수 있는 대목이죠. 그런 일연의 노력 덕분에 우리는 지금까지 살아 숨 쉬는 삼국 시대의 이야기를 읽을 수 있는 거랍니다.

〈삼국지〉 속 삼고초려

三 顧 草 廬
석 돌아볼 풀 오두막

삼고초려

초가집을 세 번이나 찾아간다는 뜻으로,
예를 다해 인재를 맞이한다는 말.

 세 번이나 제갈공명을 찾아간 유비

혼란에 빠진 중국 대륙을 바로잡기 위해 군사를 일으킨 유비. 그는 한나라 황제의 후손으로 무너진 한나라를 되살려 고통 받는 백성을 구하겠다는 생각밖에 없었어요. 하지만 유비에게는 한 가지 큰 문제가 있었어요. 바로 천하를 차지하려는 또 한 명의 영웅, 조조와의 전투에서 늘 패배한다는 것이었어요. 그 이유는 바로 유비군에 뛰어난 지혜로 작전을 지휘할 군사가 없기 때문이었어요.

유비는 천하에서 가장 뛰어난 군사를 찾겠다고 결심했어요. 한참을 수소문한 끝에 유비는 제갈공명이라는 뛰어난 인재가 깊은 산골에 지내고 있다는 걸 알게 돼요. 그러자 유비는 직접 길을 나섰어요. 관우와 장비는 사람을 시켜 제갈공명을 부르라고 이야기했지만, 유비는 고개를 저었어요.

"그는 우리에게 꼭 필요한 사람이다. 삼고초려하여 모시는 게 당연하다."

그렇게 유비 일행은 제갈공명의 집을 처음 찾아갔어요. 마침 제갈공명은 자리를 비운 채였죠. 그래서 유비는 자신이 왔다는 이야기를 전해 달라고 하고는 발걸음을 돌렸어요. 사실 제갈공명은 일부러 자리를 비운 거였어요. 자신의 큰 뜻을 펼치기에는 유비의 세력이 너무 약하다고 생각했었거든요.

유비는 포기하지 않고 추운 겨울, 모진 눈보라를 헤치며 다시 한 번 제갈공명을 찾아왔어요. 하지만 역시 제갈공명은 자리를 비운 채였죠. 이번에도 유비는 자신의 마음을 담은 글을 시동에게 전하고 추운 겨울길을 아무 소득 없이 돌아갔어요.

날씨가 따뜻해진 봄, 유비는 또다시 제갈공명의 집을 방문하기로 했어요.

그러자 성질 급한 장비는 길길이 날뛰었어요.

"도저히 못 참겠습니다, 형님! 내 당장 가서 제갈공명 그놈을 붙잡아서 끌고 오겠습니다!"

하지만 유비는 그런 동생들을 꾸짖었어요.

"제갈공명 선생을 얻어 한나라를 평안케 할 수 있다면, 난 더한 일도 할 수 있다!"

드디어 유비가 제갈공명의 집을 세 번째로 방문한 날, 제갈공명은 자신의 집에서 낮잠을 자고 있었어요. 하지만 유비는 그를 깨우기는커녕, 문 밖에 서서 제갈공명이 깨기만을 기다렸어요. 해가 뉘엿뉘엿해질 때가 되어서야 제갈공명이 눈을 떴어요. 유비는 얼굴 하나 찌푸리지 않고 제갈공명을 향해 인사하였어요. 제갈공명은 이런 유비를 보고는 마음을 굳혔어요.

'비록 세력이 약하다고는 하나, 이 사람은 진실로 나를 얻기 위해 노력하는구나.'

제갈공명은 그 길로 유비를 따라나서, 유비군의 군사가 되어요. 그리고 천하삼분지계라는 뛰어난 전략으로 유비의 촉나라를 조조의 위나라, 손권의 오나라와 비슷한 정도로 이끌어, 본격적인 삼국 시대를 열었어요.

〈삼국지〉 속 삼 고 초 려

만약 유비가 자신을 무시하는 제갈공명에게 화를 내고 다시는 찾아가지 않았다면, 지금의 삼국지는 없었을지도 몰라요. 이처럼 인재를 귀하게 여기고 세 번이나 직접 찾아가기까지 하는 삼고초려(三顧草廬)의 마음이 있었기에, 유비에게 많은 인재가 찾아들었는지도 몰라요.

고전 깊이 읽기

 ## 유비와 제갈공명은 수어지교

유비군의 군사가 되기 전, 제갈공명은 '복룡'이라고 불렸어요. '숨어 있는 용'이라는 뜻으로, 용과 비교될 만큼 뛰어난 재능을 지녔지만, 자신의 능력을 펼칠 때를 찾아 엎드려 있었다는 거예요. 과연 그 말대로 유비군의 군사가 된 이후 제갈공명은 자신의 능력으로 유비에게 승리를 안겨 주었어요. 그뿐 아니라 나라를 다스리는 데도 큰 몫을 담당했죠. 유비는 그런 제갈공명의 능력을 인정해 모든 일을 그와 상의했어요.

하지만 그런 제갈공명을 싫어하는 사람도 있었죠. 바로 장비와 관우였어요. 둘은 지금껏 형님으로 모시던 유비가, 자신들보다 제갈공명을 더욱 아끼자 질투를 했어요. 그러던 어느 날, 도저히 참지 못한 장비가 유비에게 찾아가 따졌죠.

"지금까지 형님과 함께 황건적을 토벌하고, 반역자 동탁을 몰아내고, 조조와 싸운 사람이 누굽니까. 바로 저와 관우 형님 아닙니까. 그런데 형님은 제갈공명이 오자마자 우리는 제쳐두고, 그 녀석만 싸고도시질 않습니까!"

그 말을 들은 유비는 씩씩거리는 장비를 달래듯 이야기했어요.

"장비야, 내가 어떻게 그동안 함께 고생해 온 너와 관우를 제쳐두겠느냐. 하지만 지금 나와 제갈공명과의 관계는 물과 물고기와 같느니라."

물고기가 물이 없으면 살 수 없는 것처럼, 천하통일을 꿈꾸는 유비에게 제갈공명은 없어서는 안될 존재라는 뜻이었죠. 그 이후 사람들은 서로에게 꼭 필요한 사이라는 뜻을 일컬어 수어지교(水魚之交)라고 이야기했답니다.

<그리스 로마 신화> 속 새 옹 지 마

塞　　翁　　之　　馬
변방　늙은이　어조사　말

새옹지마

인간의 길흉화복이 무상하여,
인간의 지혜로 알 수 없음을 일컫는 말.

 ## 오이디푸스 왕의 운명

"이 역병을 막을 수 있는 방법이 하나도 없단 말이오!"

오이디푸스는 크게 한숨을 내쉬었어요. 테베 시를 괴롭히던 괴물 스핑크스가 낸 수수께끼를 풀어 그 괴물을 물리친 후, 영웅으로 추앙받아 테베의 왕이 된 오이디푸스였어요. 하지만 그가 테베 시를 다스린 지 얼마 되지도 않아, 테베 시에 영문 모를 역병이 돌아 사람들이 죽어 나가기 시작했어요. 사람들은 병에 걸린 자신들의 가족을 데리고 왕궁으로 와 울부짖었죠.

"스핑크스를 무찌른 오이디푸스 왕이시여! 제발 역병이 사라지게 해 주십시오!"

그때 델포이 신전에 갔던 신하가 돌아왔어요. 역병을 막을 방법을 알려 달라고 태양신 아폴로에게 다녀온 것이었죠. 오이디푸스는 다급히 신하에게 신탁의 내용을 물어보았어요.

"아폴로 신께서는 우리 테베 시의 선왕, 라이오스 왕을 죽인 자가 있기 때문에 이런 역병이 일어났다고 하셨습니다. 그를 잡아 죽인다면, 역병 또한 멈춘다고 말씀하셨습니다."

그 이야기에 신하들이 술렁거렸어요. 그런 끔찍한 범죄를 저지른 자가 테베 시에 있다는 것도 놀라웠지만, 도대체 그 자를 어떻게 잡을 것이냐는 게 문제였죠. 그래서 그들은 맹인 점쟁이 테이레시아스를 불러오자며 오이디푸스에게 건의했어요. 오이디푸스는 점을 믿지 않았지만, 신하들의 건의에 못 이겨 결국 테이레시아스를 불러 범인이 누구인지 물어보았죠. 하지만 테이레시아스는 아무 말도 하지 않았어요. 오이디푸스는 속으로 '그럼 그렇지.'라고 비웃었죠. 그런 오이디푸스의 비웃음을 느꼈는지 테이레시아스가 입을 열었어요.

"왕이시여, 당신은 제가 아무것도 보지 못한다고 비웃으시겠지만, 저는 스스로의 죄를 보지 못하는 당신이 안타깝습니다."

마치 자신을 범인으로 지목하는 듯한 테이레시아스의 말투에 오이디푸스는 길길이 날뛰며 그를 죽이려 했어요. 하지만 신하들의 만류에 결국 그를 죽이지 않고 쫓아내기만 했죠.

그런데 그 이야기를 들은 후, 오이디푸스의 마음에 한 점 불안이 생겨났어요. 오이디푸스는 그 불안감을 없애기 위해 계속 라이오스 왕의 살인자를 찾았어요.

그리고 곧, 끔찍한 사실이 밝혀지죠. 오이디푸스가 자신의 부모님이라고 믿고 있던 사람은 알고 보니 양부모님이었고, 그가 유랑을 할 때 시비가 붙어 죽인 노인이 바로 자신의 아버지이자 테베의 왕이었던 라이오스 왕이었던 거예요. 그리고 지금 자신의 부인이자 라이오스 왕의 전 부인이었던 이오카스테

왕비는, 자신의 어머니였죠.

"인간만사 새옹지마!"

자신이 끔찍한 운명의 수레바퀴에 깔린 가련한 인간이었단 사실을 알게 된 오이디푸스는 스스로 자신의 눈을 찌르고, 테베를 떠나 평생을 떠돌다 숨을 거뒀어요.

<그리스 로마 신화> 속 새 옹 지 마

오이디푸스가 스핑크스를 물리치고 테베의 왕이 되었을 때, 후에 자신이 그런 끔찍한 일에 휘말릴 줄 알았을까요? 정말 인생이란 한치 앞을 알 수 없는 새옹지마(塞翁之馬)와 같아요.

고전 깊이 읽기

 신이 내린 운명에 반항하는 인간의 기록

오이디푸스의 아버지이자 테베의 왕이었던 라이오스 왕과 부인 이오카스테는 자식이 태어나지 않자 아폴로 신에게 그 이유를 물어봐요. 그러자 아폴로 신은 '너와 부인 사이에서 낳은 아들이, 너를 죽이고 너의 부인과 결혼할 것이다.'라는 끔찍한 신탁을 내려요. 불안감에 사로잡힌 라이오스 왕은 아들 오이디푸스가 태어나자 곧 그를 죽이라고 명령하죠. 하지만 차마 그럴 수 없었던 이오카스테는 오이디푸스를 몰래 깊은 산속에 버려요.

마침 지나가던 목동이 버림받은 오이디푸스를 주워 코린토스의 왕궁으로 데리고 가요. 아이가 없었던 코린토스의 왕과 왕비는 그런 오이디푸스를 양아들로 삼죠. 시간이 흘러, 청년이 된 오이디푸스는 아폴로 신에게 자신의 운명에 대해 물어요. 그러자 아폴로 신은 '너는 아버지를 죽이고 어머니와 결혼할 것이다.'라고 대답하죠. 그때까지 코린토스의 왕과 왕비를 자신의 친부모로 알고 있었던 오이디푸스는 자신의 끔찍한 운명을 피하기 위해 도망치죠. 하지만 자신의 친아버지 라이오스 왕과 산길에서 마주쳐 시비 끝에 아버지를 죽이게 되고, 테베 시를 위협하는 괴물 스핑크스를 물리쳐 테베 시의 왕으로 추대받으며 자신의 어머니인 줄 모르고 이오카스테와 결혼하게 돼요.

이처럼 아버지 대부터 시작된 신의 저주로 희생양이 된 오이디푸스의 일생은 그리스 로마 신화 중에서도 가장 비극적인 이야기 중 하나예요. 그는 작품 속에서 '신이 나에게 무서운 재앙을 내렸지만, 나의 두 눈을 찌른 것은 바로 내 손이다!'라고 외치며, 신이 내린 운명에 맞서려 하는 인간의 모습을 보여 주었답니다.

<삼국유사> 속 선 견 지 명

先 見 之 明
먼저 볼 어조사 밝을

선 견 지 명

닥쳐올 일을 미리 아는 지혜를 말함.

 선덕여왕의 지혜

    신라의 27대 왕인 선덕여왕은 뛰어난 지혜를 지녔지만, 여자라는 이유 하나만으로 알게 모르게 많은 무시를 당했어요. 특히 당나라의 황제 당태종은 여자를 왕으로 모신다는 것 때문에 신라를 비웃었죠.

그러던 어느 날, 선덕여왕에게 당태종이 꽃의 씨앗과 함께, 그 꽃을 그린 그림 한 점을 보냈어요.

다른 신하들은 당태종이 대체 무슨 뜻으로 아무런 말도 없이 이런 물건들을 보냈는지 알 수 없었어요. 겁 많은 이는 혹시나 당태종이 무슨 꼬투리를 잡아서 신라를 침략하기 위해 이러는 건 아닐까 걱정했어요. 당시 당나라는 신라와는 비교도 안 될 정도의 큰 나라였거든요.

그런데 가만히 그 모습을 보던 선덕여왕이 입을 열었어요.

"아마 이 꽃은 향기가 나지 않을 것이다."

신하들은 모두 의아해하며 물었어요.

"어찌 아시고 그런 말씀을 하십니까."

하지만 선덕여왕은 아무런 대답도 하지 않고 가만히 미소만 지었어요.

당태종이 보낸 씨앗을 심은 지 얼마 되지 않아, 꽃이 피어났어요. 그런데 꽃에서는 신기하게도 정말 아무 향기도 나지 않는 게 아니겠어요! 깜짝 놀란 신하들은 선덕여왕에게 가 물어보았어요.

"정말로 당태종이 보낸 꽃에서 향기가 나지 않았습니다. 어찌 그걸 아셨습니까?"

선덕여왕은 웃으며 당태종이 같이 보냈던 그림을 보여 줬어요.

"이 그림이 기억나느냐. 이 그림을 보면 이상한 점이 하나 있다. 원래 꽃을 그릴 때는 벌과 나비를 함께 그리는 법인데, 이 그림은 그러지 않았다. 벌과 나비가 꽃을 찾지 않는 이유가 무엇이겠느냐? 바로 향기가 나지 않아서일 것이다. 그래서 내가 그리 말한 것이다."

선덕여왕의 말에 신하들은 감탄했어요. 그때 한 신하가 물어보았어요.

"그런데 왜 당태종은 향기가 나지 않는 꽃을 보낸 걸까요?"

그 말에 선덕여왕은 부끄러운 듯 살짝 웃으며 말했어요.

"그건 나 때문이다. 내가 아직까지 혼인하지 않은 것을 두고 당태종이 놀리려 한 것이지."

그 이야기를 들은 신하들은 선덕여왕의 선견지명에 감탄했어요. 당태종 역시 선덕여왕이 보낸 서찰을 읽은 후, 더 이상 신라를 무시하지 않았답니다.

<삼국유사> 속 선 견 지 명

꽃 그림만 보고도 그 꽃이 향기가 나지 않을 걸 알고, 그것이 자신을 놀리는 거라는 것까지 안 선덕여왕의 선견지명(先見之明)! 마치 탐정 같아요. 그런 선덕여왕의 지혜를 칭송하기 위해 역사서에서는 그녀를 선덕대(大)여왕이라고 부르기도 해요.

고전 깊이 읽기

 선덕여왕과 엘리자베스 1세

　선덕여왕은 신라 최초의 여왕이자 신라가 삼국 통일을 이룰 기틀을 마련한 훌륭한 여왕이에요.

　백성들을 잘 살게 하는 데 힘썼고, 당나라와의 관계를 돈독히 하며 백제와 고구려의 침입을 막아 냈죠. 동양에서 가장 오래된 천문대인 첨성대를 만든 것도 바로 선덕여왕이에요.

　그런데 앞에서 본 일화에서도 나왔지만 선덕여왕은 결혼을 하지 않은 여왕으로도 잘 알려져 있어요.

　서양에도 결혼하지 않은 여왕이 있죠. 바로 16세기 영국의 전성 시대를 이끈 엘리자베스 1세 여왕이에요. 그녀는 당시 전 유럽에서 가장 강력한 나라였던 에스파냐(지금의 스페인)의 무적함대를 물리치고, 섬나라였던 영국이 전 세계로 뻗어나갈 수 있는 대해상국이 되는 기틀을 만들었어요.

　그런데 왜 선덕여왕과 엘리자베스 1세 여왕은 결혼을 하지 않았을까요? 그건 아마 당시 시대 분위기와 밀접한 연관이 있을 거예요. 옛날에는 지금과 달리 여성의 사회 진출이 어려웠어요. 그런데 여성이 한 나라를 다스리는 지도자의 위치에 오르다니! 아마 많은 사람들이 반대를 했을 거예요. 그런 반대 세력을 잠재우기 위해서라도 선덕여왕과 엘리자베스 여왕은 다른 누구보다 열심히 일했을 테고요. 그러면서 자신이 '약한 여자'가 아닌 '한 나라의 왕'으로서의 자격이 있다는 사실을 보여 주었겠죠.

<그리스 로마 신화> 속 설 상 가 상

雪　　　上　　　加　　　霜
눈　　　위　　　더할　　　서리

설 상 가 상

눈 위에 서리가 덮인다는 뜻으로,
불행한 일이 잇따라 일어난다는 말.

 헤라클레스의 열두 가지 고난

헤라클레스는 올림포스의 최고신 제우스와 인간 알크메네 사이에서 태어난 아들이에요.

'또다시 내 눈을 피해 인간과 만나다니. 도저히 참을 수 없어!'

헤라클레스가 태어나는 모습을 본 제우스의 부인 헤라는 질투로 미칠 지경이었어요.

헤라는 몰래 지상으로 내려가 아기 헤라클레스가 자고 있는 요람에 독사 두 마리를 집어넣었어요. 그런데 이럴 수가! 아기 헤라클레스가 독사 두 마리를 모두 손으로 잡아 죽여 버리는 게 아니겠어요? 헤라는 힘으로 헤라클레스를 어쩔 수 없다는 걸 알고는 저주를 내렸어요.

청년이 된 헤라클레스는 뛰어난 힘으로 이름이 높아갔지만, 헤라의 저주 때문에 가끔 자신도 주체할 수 없을 정도로 난폭해질 때가 있었어요. 그리고 결국 그 저주로 인해 사람을 죽이게 되죠. 헤라클레스는 그 죄를 씻기 위해 자신의 사촌 형이자 나라의 왕인 에우리스테우스의 부하가 되었어요.

헤라는 에우리스테우스를 시켜 헤라클레스에게 열두 가지의 명령을 내렸어요. 모두 인간으로서는 도저히 해낼 수 없는 일들이었죠. 그 일을 '헤라클레스의 열두 가지 고난'이라고 불러요.

헤라클레스는 어떤 무기도 막아 내는 가죽을 가진 네메아의 사자를 죽이고, 여러 개의 머리를 가진 괴물 히드라를 없앴어요. 케리네이아 산에 있는 누구보다 재빠른 암사슴을 잡았고, 에리만토스의 산에 사는 사나운 멧돼지를 쓰러트렸어요.

하지만 그럴수록 헤라클레스의 고난은 점점 커져만 갔죠. 30년 동안 청소하지 않은 더러운 아우게이아스의 마굿간을 청소하고, 하늘을 나는 괴물 새를 잡았어요. 크레타 섬을 황폐하게 만든 황소를 잡았고, 트라키아에 있는 사나운 말을 데리고 왔어요.

설상가상으로 나머지 네 개는 신도 감히 하기 어려운 일들이었어요. 사나운 전투 민족 아마존족 여왕의 허리띠를 가져와야 했고, 세 개의 몸뚱이를 가지고 있는 괴물 소를 잡아야 했죠. 세상 어디에 있는지 알 수도 없는 황금 사과를 가지고 와야 했고, 마지막으로는 지옥문을 지키는 머리 세 개 달린 괴물 개 케르베로스를 끌고 와야 했어요. 하지만 헤라클레스는 뛰어난 힘과 제우스의 남모를 도움으로 결국 이 모든 고난을 이겨 내었죠.

이후 헤라클레스가 죽고 나자, 올림포스의 신들은 헤라클레스 같은 훌륭한 영웅이 죽는 걸 안타깝게 여겼어요. 그걸 안 제우스는 신들을 설득해 헤라클레스를 또 한 명의 신으로 만들자고 했어요. 헤라 역시 자신의 열두 가지 고난을 이겨 낸 헤라클레스를 인정할 수밖에 없었죠. 지상에서 숨을 거둔 헤라클레스는, 하늘에서 더욱 위풍당당한 모습으로 변해 올림포스의 신이 되었어요.

<그리스 로마 신화> 속 설 상 가 상

열두 가지 고난을 모두 이겨 낸 헤라클레스! 한 가지 고난을 끝내고 나면 더 큰 고난이 닥치는 설상가상(雪上加霜)의 상황을 극복했기에 신이 될 수 있었던 거겠죠? 설상가상과 비슷한 고사성어로는 '여러 산이 겹치고 겹친 산속'이라는 뜻의 첩첩산중(疊疊山中)이 있답니다.

고전 깊이 읽기

 고난 속에서 성장하는 영웅들

　헤라클레스는 열두 가지 고난을 이겨 내며 진정한 그리스의 영웅이 되어요. 하지만 그리스 로마 신화에는 헤라클레스 못지 않은 영웅들이 즐비하답니다.

　가장 대표적인 영웅이 바로 페르세우스예요. 그 역시 제우스와 인간 사이에서 난 반신반인의 영웅이었죠. 또한 능력을 시기한 이들로부터 여러 고난을 받는데, 그중 가장 대표적인 것이 괴물 메두사를 죽이는 것이었어요. 메두사는 모든 머리카락이 뱀으로 이루어져 있는데다, 눈을 마주치는 사람을 모두 돌로 만들어 버리는 능력이 있었어요. 바라보지도 못하는 괴물과 싸워야 하는 페르세우스는 절망에 빠졌죠. 그런 그를 불쌍히 여긴 아테나는 그에게 하늘을 나는 신발과 모습을 감출 수 있는 마법의 모자, 그리고 메두사를 비춰 볼 수 있는 청동 방패를 주었어요. 페르세우스는 그 세 가지 무기를 이용해 메두사의 목을 쳐 죽일 수 있었죠. 그뿐 아니라 돌아오는 길에 바다 괴물에게 제물로 바쳐진 에디오피아의 왕녀 안드로메다를 구하고 그녀와 결혼까지 했어요. 그 두 가지 일로 그는 영웅이 되었죠.

　그런데 왜 이렇게 영웅들은 수많은 고난을 겪는 걸까요? 그건 바로 고난을 극복해 나가는 행동이 그들을 영웅으로 만들어 내기 때문이에요. 헤라클레스와 페르세우스에게는 반신반인으로서 얻은 거대한 힘이 있었어요. 그런 그들도 고난 앞에서는 두려워하고 도망치고 싶었어요. 하지만 그들은 그걸 극복해 내고 고난과 당당히 싸웠죠. 그 결과, 멋진 영웅이 될 수 있었답니다.

　그러니 여러분들도 눈앞의 시련을 피하려 하기보다는 맞서서 극복해 내겠다는 생각을 해 보세요. 어느새 멋진 영웅으로 성장해 있을 거예요.

〈바리공주 설화〉 속 수 수 방 관

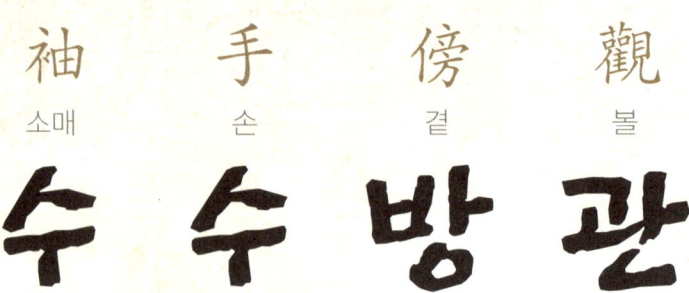

袖 手 傍 觀
소매 손 곁 볼

수수방관

팔짱을 끼고 보고만 있다는 뜻으로,
간섭하지 않고 그대로 지켜만 본다는 말.

 아버지를 위해 저승으로 간 바리공주

옛날 아주 먼 옛날, 오구대왕이란 왕이 있었어요. 그 왕은 아리따운 여인과 혼인을 올리기 위해 잔치를 열었죠. 그러고는 점쟁이를 불러 자신의 미래를 점치게 했어요. 점을 보던 점쟁이는 굳은 얼굴로 입을 열었죠.

"만약 오구대왕님이 내년에 혼인을 하신다면 아들을 얻고 무병장수하실 것입니다. 하지만 올해 혼례를 이룬다면 딸만 낳고 큰 병을 얻으실 것입니다."

하지만 오구대왕은 점쟁이의 말을 무시하고 예정대로 혼인을 했어요. 부인은 점쟁이의 말대로 계속해서 딸을 낳았는데 그 수가 여섯이나 되었답니다. 처음에는 기뻐했던 오구대왕도 자신의 대를 이을 아들이 태어나지 않자 점점 초조해졌어요. 그리고 마지막으로 일곱 번째 딸 바리가 태어나자, 오구대왕은 버럭 화를 내었답니다.

"더 이상 딸은 필요 없다! 그 아기를 상자에 담아 강에 떠내려 보내거라!"

결국 일곱 번째 딸 바리는 태어나자마자 부모님과 생이별을 하고 버림받고 말았죠. 하지만 강가에 살던 할아버지 할머니가 떠내려 오던 바리를 발견했어요. 오랫동안 자식이 없던 할아버지 할머니는 그녀를 자신의 수양딸로 삼고 귀하게 키웠답니다.

시간이 흘러 오구대왕은 원인 모를 병에 걸려 하루가 다르게 시름시름 앓아갔어요. 나라에서 뛰어난 의사를 불렀지만 아무도 치료법을 알 수 없었죠. 부인은 마지막 지푸라기라도 잡는 심정으로 점쟁이를 불러 점을 치게 했어요. 그러자 점쟁이가 말했죠.

"오구대왕님이 걸린 병은 이승의 약으로는 치료할 수 없습니다. 저승에 있는 생명수를 떠 와서 마시게 해야 합니다. 그리고 그 생명수는 대왕님의 따님 중 한 분이 떠 오셔야만 합니다."

수수방관, 우리는 지켜만 보자.

그 이야기를 들은 부인은 자신의 여섯 딸을 불러 모아 점쟁이가 한 이야기를 들려주었어요. 하지만 여섯 딸들은 모두 고개를 절레절레 흔들며 한 목소리로 말했답니다.

"남자도 가지 못하는 저승을 어찌 연약한 여자들이 가겠어요. 저희는 갈 수 없어요."

여섯 딸들은 누구 하나 나서지 않고 아버지 오구대왕이 죽어 가는 모습을 그냥 수수방관할 뿐이었어요. 부인은 그 모습을 보며 눈물을 흘렸답니다. 그러다 문득 떠오르는 이름이 있었어요. 그녀의 일곱 번째 딸인 '바리'였죠.

부인은 당장 수소문을 해 바리를 찾았어요. 할아버지 할머니의 손에 자란 바리는 그제야 자신의 슬픈 과거를 알고 눈물을 흘렸죠. 바리는 자신을 버린 아버지를 위해 저승으로 향했어요.

저승에 도착한 바리는 생명수를 지키는 수문장에게 다가갔죠. 그리고 생명수 값으로 그 수문장과 혼인해 9년 동안 일을 하고 아들 일곱을 낳아 준 후, 겨우 생명수를 받아 이승으로 돌아가서 오구대왕을 살려 냈어요.

그 후, 효녀 바리는 그 공을 인정받아 하늘로 올라가 죽은 이의 넋을 달래는 신선이 되었어요.

<바리공주 설화> 속 수 수 방 관

아버지가 죽어가는데도 무섭다는 이유만으로 손을 놓고 수수방관(袖手傍觀)한 여섯 딸들, 너무 얄미워요! 바리가 구해 준 약을 먹고 살아난 오구대왕도 딸을 버렸던 자신의 죄를 반성했겠죠?

고전 깊이 읽기

 ### 현대판 바리공주, 해외 입양아

바리공주 설화만큼 연극과 무용, 뮤지컬 등을 통해 자주 무대에 오른 설화도 없을 거예요. 삶과 죽음, 용서와 자기 극복의 이야기가 감동적으로 구성되어 있으며, 삶과 죽음을 바라보는 시선이나 생명수와 같은 한국적인 소재가 국경과 시대를 뛰어넘는 보편성을 지니고 있기 때문이에요. 또 바리공주와 비슷한 상황에 처한 경우가 종종 있기 때문이죠.

지금은 많이 사라졌지만, 몇 십 년 전만 해도 우리나라는 아이를 버리는 사람들이 많았답니다. 집이 너무 가난해서 아이를 키울 형편이 되지 않아서이기도 하고, 극단적인 남아선호사상 때문에 여자아이가 태어나면 버리는 경우도 있었어요. 그렇게 버려진 아이들은 해외로 입양을 가기도 했답니다. 태어나자마자 버림받았던 슬픈 해외 입양아들. 하지만 그들 중에는 성인이 된 후, 자신을 버린 부모님을 용서한다며, 단지 얼굴만이라도 보고 싶다며 한국으로 돌아와 부모님을 찾는 이들도 있답니다.

이 이야기, 어딘가 '바리공주 설화'와 닮은 것 같지 않나요? 태어나자마자 버림받은 것부터, 나이가 든 후 자신을 버린 부모님을 용서하는 것까지……. 맞아요, 그래서 해외 입양아를 '현대판 바리공주'라고 부르기도 해요. 이런 소재를 다룬 창작 뮤지컬이 공연된 적도 있고요.

가끔 '고전은 그냥 옛날이야기일 뿐이야. 지금은 아무 쓸모없다고.'라고 말하는 사람을 볼 때가 있어요. 하지만 고전은 단순한 옛날이야기가 아니라, 현대를 새롭게 이해할 수 있는 창이기도 해요.

<플루타르크 영웅전> 속 안 빈 낙 도

安 貧 樂 道
편안할 가난할 즐길 도

안빈낙도

가난한 처지에서도 편안한 마음으로 도를 즐김.

 알렉산더 대왕이 부러워한 단 한 사람

마케도니아의 왕 필립포스의 아들로 태어난 알렉산더는 어릴 적부터 남다른 모습을 보였어요. 너무도 성질이 난폭해서 필립포스도 다루기 힘들었던 명마 '부케팔로스'를 직접 길들여 자신의 말로 삼기도 했고, 그리스 최고의 철학자 아리스토텔레스의 제자로 누구보다 뛰어난 지혜도 얻었지요. 또 스무 살의 나이에 왕의 자리에 오른 후 한 번도 패배하지 않고 그리스 전역과 페르시아 제국까지 정복해 '알렉산더 대왕'으로 칭송 받기도 했어요.

이런 이야기만 들으면 알렉산더는 세상에 부러워할 사람이 아무도 없을 것 같아요. 하지만 그런 그에게도 단 한 명 부러운 이가 있었어요.

그리스 전역을 지배한 알렉산더는 페르시아를 정복하기 위한 전쟁을 벌이기로 해요. 총사령관으로 페르시아 원정길에 나서게 된 알렉산더에게 수많은 사람들이 찾아와 축하 인사를 했답니다. 그런데 당시 그리스에서 가장 이름 높은 철학자였던 디오게네스만이 오지 않았어요. 알렉산더의 부하들은 그 사실을 알고 화를 냈어요.

"그 노인이 간이 배 밖으로 나왔나 봅니다. 감히 위대한 여정을 떠나실 알렉산더 님께 인사를 드리러 오지 않다니. 당장 목을 쳐야 합니다!"

하지만 평소 디오게네스의 뛰어난 지혜를 존경해 왔던 알렉산더는 그런 부하들을 진정시켰어요. 그리고 자신이 직접 디오게네스를 찾아가기로 했죠.

디오게네스가 숲 속에 홀로 지내고 있다는 이야기를 들은 알렉산더는 부하들과 함께 숲으로 향했어요. 마침 따스한 햇살이 비치는 오후여서, 디오게네스는 잔디밭에 누워 일광욕을 즐기고 있었죠. 알렉산더가 도착했음에도 불구

하고, 디오게네스는 몸을 일으키기는커녕, 쳐다보지도 않았어요. 그런 오만방자한 모습을 본 알렉산더의 부하들은 소리를 버럭 질렀죠.

"어서 몸을 일으키지 못할까! 설마 네 앞에 계신 분이 누구인지 모르겠다고 말하진 않겠지? 바로 그리스의 지배자 알렉산더 대왕이시다!"

다른 사람들 같으면 벌떡 일어나 두려움에 온몸을 벌벌 떨었을 테지만, 디오게네스는 그제야 고개를 슬쩍 돌려 알렉산더를 쳐다보았어요.

"내가 바로 알렉산더요. 혹시 원하는 게 있다면 들어주겠소."

그러자 디오게네스는 귀찮다는 듯 말했어요.

"네, 있습니다. 당신이 내 앞에 서서 햇빛을 가렸으니, 좀 비켜 주시죠."

알렉산더는 자신을 두려워하지 않는 디오게네스의 당당한 모습에 큰 감명을 받았어요. 그래서 돌아서는 길에 혼잣말처럼 되뇌었죠.

"내가 알렉산더가 아니라면, 디오게네스가 되고 싶구나."

그 이후, 계속된 승리로 교만해진 알렉산더는 결국 병에 걸려 33세의 젊은 나이에 죽고 말았어요. 그가 디오게네스처럼 ==안빈낙도==했다면 더 행복한 삶을 살 수 있었을 텐데 말이에요.

<플루타르크 영웅전> 속 안 빈 낙 도

어째서 디오게네스는 알렉산더에게 햇빛을 가리지 않는 것이 소원이라고 했을까요? 그건 물질적으로는 가난하더라도 마음만은 풍요로운 안빈낙도(安貧樂道)의 삶을 살았기 때문이에요. 그런 모습이 디오게네스를 그리스 최고의 철학자 중 한 명으로 만들었겠죠?

고전 깊이 읽기

 그리스와 로마의 영웅을 비교한 전기

그리스의 작가 플루타르크가, 그리스와 로마의 영웅들의 전기를 쓴 〈플루타르크 영웅전〉은 지금까지 전 세계 수많은 사람들이 읽고 있는 고전이에요.

〈플루타르크 영웅전〉의 정식 명칭은 〈대비열전〉이에요. '대비'란 서로 비교한다는 뜻이에요. 그 말대로 플루타르크는 그리스와 로마의 영웅 중 유사한 업적과 성격을 지닌 인물들을 서로 비교해서 전기를 썼죠. 플루타르크는 그렇게 총 50명의 전기를 썼어요.

이 책이 나오기 전까지 그리스와 로마 사람들은 신화 속 영웅들의 모습을 보며 자신의 삶의 태도를 생각했죠. 하지만 플루타르크는 실제 우리 곁에서 살아 숨 쉬는 진짜 영웅들을 보고 교훈을 얻어야 한다고 생각했어요. 또한 플루타르크는 영웅의 멋진 모습뿐만 아니라 추한 모습까지 함께 보여 줘요. 영웅이 어떻게 몰락했는지를 보고 '나는 그러지 말아야겠다.'라는 교훈을 얻길 바랐거든요.

〈플루타르크 영웅전〉에는 단순히 창칼로 세계를 정복한 전쟁 영웅들의 이야기만 있는 게 아니에요. 민주주의를 지키기 위해 노력한 그리스의 정치가 솔론이나, 부패에 찌든 로마에서 유일하게 청렴함을 무기로 싸웠던 정치가 카토 등 정치 영웅들의 모습도 그려져 있어요. 언제 한 번 〈플루타르크 영웅전〉을 읽으며 어떤 어른이 될까를 고민해 보는 거 어떨까요? 책 속에서 진정한 멘토를 만날 수도 있잖아요!

<서유기> 속 안 하 무 인

眼 下 無 人
눈 아래 없을 사람

안 하 무 인

주위의 다른 사람을 전혀 의식하지 않은 채
제멋대로 마구 행동함.

 ## 석가여래에게 붙잡힌 손오공

"대체 손오공 그놈을 막을 자가 누구란 말이오."

옥황상제가 한숨을 쉬자, 신하들은 송구스러워 고개를 숙였어요. 하지만 그 누구도 선뜻 자신이 손오공을 잡겠다고 나서지는 못했어요. 그만큼 손오공의 힘이 강했거든요.

바위에서 태어난 돌 원숭이 손오공은 죽음에서 벗어날 생각에 신선 보리도사에게 도술을 배운 후, 천계를 어지럽혔어요. 용궁으로 쳐들어가 용왕의 보물 여의봉을 빼앗고, 염라대왕의 명부를 훔쳐 자신의 이름을 지워 영원한 수명을 얻었죠. 이를 보다 못한 옥황상제가 그를 달래기 위해 천계의 마구간을 지키는 벼슬인 '필마온'을 내렸어요. 하지만 성이 안 찬 손오공은 옥황상제가 아끼는 천도복숭아를 모두 다 따먹고 옥황상제의 술과 보약을 모두 먹어 버린 후 지상으로 도망쳐 버렸어요.

　옥황상제는 자신의 보물에 손을 댄 손오공을 당장이라도 없애 버리고 싶었지만, 너무도 뛰어난 도술을 가진 손오공을 어찌할 도리가 없어 속만 썩이고 있었죠.

　그때 석가여래가 옥황상제의 궁전을 방문했어요. 옥황상제는 석가여래에게 자신의 처지를 한탄했어요.

　"이젠 그 원숭이가 감히 제 자리까지 넘보고 있습니다. 제발 석가여래께서 그 원숭이를 붙잡아 주십시오."

　"얼마나 고생이 많으셨겠습니까. 그럼 제가 한번 나서 보겠습니다."

　석가여래는 손오공이 진을 치고 있는 곳으로 향했어요. 손오공 역시 석가여래를 보고 깜짝 놀랐지만, 자신의 재주를 믿고 안하무인으로 행동했죠.

　"흥, 대체 무슨 일입니까? 나와 한번 싸워 보려고 오신 겁니까?"

석가여래는 미소를 지었어요.

"어찌 그러겠느냐. 그저 나와 술래잡기를 한번 하자꾸나. 네가 만약 나를 피해 도망칠 수 있다면 네가 하는 일에 아무런 상관도 하지 않을 것이다."

그 말을 들은 손오공은 속으로 쾌재를 불렀어요. 자신에게는 한 시간에 십만 팔천 리를 날 수 있는 구름, 근두운이 있었거든요. 손오공은 얼른 근두운을 타고 쏜살같이 날아갔어요. 얼마나 갔을까? 마치 세상의 끝과 같은 곳에 도착하자 살색 기둥 다섯 개가 보였어요.

"흠, 내가 여기 왔다 갔다는 흔적을 남겨야겠군."

손오공은 거기다 '손오공, 왔다 가다.'라고 글씨를 써 놓고 돌아갔어요. 그 살색 기둥이 바로 석가여래의 손가락이라는 건 알지도 못한 채 말이죠. 결국 손오공은 부처님 손바닥 위에서 재롱을 피운 셈이에요.

마침내 손오공은 석가여래에게 붙잡혀 오행산 아래 500년을 갇혀 있었어요. 그리고 그곳을 지나가던 삼장법사에게 구출되어, 그를 모시고 불경을 구하러 천축으로 여행을 떠나게 되지요.

<서유기> 속 안 하 무 인

사람은 언제나 겸손한 마음을 지니고 살아야 해요. 손오공처럼 아무리 뛰어난 능력을 가졌어도 남을 무시하고 안하무인(眼下無人)으로 행동하다가는, 언젠가 크게 혼쭐이 나고 말 거예요.

고전 깊이 읽기

 천축을 향해 가는 사고뭉치들의 신나는 여행

중국 4대 기서 중의 하나인 〈서유기〉는 그 이름만 들어도 너무도 친숙한 작품이에요. 근두운을 타고 다니며 72가지 도술을 부리는 원숭이 손오공을 비롯해 먹보 돼지 괴물 저팔계와 약삭빠른 물속 괴물 사오정의 이름은 누구나 알고 있어요. 하지만, 고전을 '누구나 알지만 읽지는 않은 작품'이라고 말하는 것처럼 〈서유기〉를 읽어 본 사람은 별로 많지 않죠.

〈서유기〉의 주인공 손오공은 바위에서 태어난 돌 원숭이에요. 하지만 인간처럼 죽음을 두려워하며, 신선이 되기 위해 도술을 배우죠. 도술에 뛰어난 재능을 보인 손오공은 오만함이 생겨 스스로 하늘의 왕이 되려 해요. 그리고 그 욕심 때문에 바위산에 눌려 500년 동안 고통을 받지요.

500년이 지난 후, 손오공은 삼장법사를 도와 천축(지금의 인도)으로 가 불경을 구하면 죽지 않는 부처가 될 수 있다는 이야기를 듣고, 삼장법사를 따라 나서요. 그러면서 저팔계와 사오정을 만나 의형제를 맺고 요괴들로부터 삼장법사를 지키며 여행길에 나서죠. 물론 천성이 사고뭉치인 손오공 형제들이기에, 위험에 빠지는 일이 종종 일어나요. 하지만 결국 천축에 도착해 불경을 가지게 된 삼장법사와 손오공, 저팔계, 사오정은 부처로 다시 태어나게 됩니다.

실제로 중국의 고승인 현장 스님이 인도에 가 불경을 구해 온 일을 바탕으로 쓰인 〈서유기〉는 당시 중국의 부패한 행정과 종교를 비판하는 풍자 소설이기도 하답니다.

〈손자병법〉 속 어 부 지 리

漁 夫 之 利
고기잡을 사내 어조사 이로울

어 부 지 리

양쪽이 다투는 사이에 제삼자가 힘들이지 않고 이득을 챙긴다는 말.

 싸우지 않고 이기는 법

    손자가 자신이 생각하는 병법을 적은 책 〈손자병법〉은 총 6,200자의 한자로 쓰여졌는데, 1만 5천여 자로 쓰여진 공자의 〈논어〉와 비교해 보면 절반도 되지 않는 내용이 담겨 있는 짧은 책이에요. 그럼에도 불구하고 〈논어〉를 비롯한 〈노자〉, 〈주역〉과 함께 중국 4대 고전의 위치를 차지하고 있어요. 병법 책이라니, 손자는 전쟁을 좋아했겠죠? 하지만 〈손자병법〉을 읽어 보면 꼭 그런 것 같지는 않아요. 당시 중국은 약 10개의 국가로 쪼개져 있었고, 이들 모두가 서로를 이기기 위해 싸우던 춘추 전국 시대였어요. 그런 상황에서 자신이 다른 나라와 전쟁을 벌여 약해진 걸 틈타 그로 인해 제3국이 이득을 취하는 걸 경계했죠. 그래서 손자는 싸우지 않고 이기는, '어부지리'의 방법을 가

장 좋아했다고 해요.

　어부지리란 한자를 그대로 풀어 보면 '어부의 이익'이라는 뜻이에요. 그런데 이 말이 어떻게 고사성어가 되었을까요? 여기 어부지리라는 말이 생기게 된 유래가 있어요.

　어느 날 황새가 강가에 앉아 있는데 조개 하나가 땅으로 기어 나와 껍질을 쩍 벌리고 햇볕을 쬐고 있는 걸 봤어요. 황새는 '이게 웬 떡이냐?' 생각하며 긴 부리로 조개의 속살을 파먹으려 했죠. 갑자기 속살을 찔린 조개는 깜짝 놀라 껍질을 꽉 닫아 황새의 부리를 물어 버렸어요.

　부리를 물린 황새는 놀라 이렇게 말했죠.

　"너는 나에게 속살을 물려 이제 강으로 돌아가지 못하니 어차피 말라 죽을 목숨이다. 그러니 순순히 나에게 먹혀라."

　조개 역시 지지 않고 말했죠.

"내가 이렇게 네 부리를 물고 놓지 않으면 넌 먹지도 못하고 마시지도 못해 죽을 것이다. 그러니 순순히 내 속살을 놓아라."

황새와 조개는 서로 양보하지 않고 팽팽히 다투고 있었어요. 그런데 고기를 낚기 위해 강으로 나온 어부가 그 모습을 보았죠.

"아니, 이게 무슨 일이지? 아무튼 잘 되었군."

어부는 곧바로 황새의 목을 낚아챘어요. 결국 어부가 황새와 조개를 둘 다 챙긴 것이죠. 황새와 조개는 자신들의 잘못을 후회했지만 때는 이미 늦은 걸요.

이 일화를 보면 우리는 자연스레 어부의 심정이 돼 조개와 황새 둘 다 챙기기를 바라죠. 하지만 손자는 우리가 어부이기보다는 조개와 황새일 때가 더 많다고 경고해요. 그래서 절대 섣부른 싸움을 하지 않기를 강조했죠. 싸우지 않고 이기는 법을 설명한 유일한 병법서, 그 책이 바로 〈손자병법〉이에요.

〈손자병법〉 속 어 부 지 리

싸우지 않고 이득을 얻는 것을 어부지리(漁夫之利)라고 하지요. 어부의 입장에서는 이보다 더 좋은 일이 없겠지요. 하지만 우리가 조개나 황새라면, 어부지리(漁夫之利)를 '괜한 싸움은 파멸을 불러올 뿐이다.'라고 생각할 수 있겠죠. 서로 양보하지 않고 다투다 제삼자인 어부에게 잡혀 먹게 생겼으니까요. 그러니 우리, 절대 싸우지 마요. 그게 바로 우리를 위한 일이랍니다.

고전 깊이 읽기

 전쟁을 좋아하지 않은 손자가 쓴 병법서

　〈손자병법〉은 '과연 꼭 전쟁을 해야 하는가?'에 대한 질문에서부터 시작해요. 전쟁을 해 이기는 방법을 이야기한 병법서에서 전쟁을 해야 하는가를 묻다니! 의아해 보이지만, 손자는 단호해요. 전쟁은 나라의 중대한 일이며 일단 시작하면 꼭 이겨야만 하기 때문에 신중히 생각해야 한다는 것이죠. 또 전쟁을 시작하면 빠르게 끝을 내야 한다고 말해요. 전쟁을 시작하면 어쩔 수 없이 나라의 병사들이 죽을 뿐 아니라 막대한 비용이 들기 때문에 오래 끌수록 손해가 생긴다는 것이죠.

　평소 우리가 생각하는 전쟁이란 병사가 돌진해 용감히 싸워 적의 성을 무너뜨리는 것이에요. 하지만 손자는 그렇게 싸우는 것이 가장 나쁜 방법이라고 말해요. 계속된 싸움으로 자신과 상대편 모두 폐허가 되어 버린다면 그 나라를 차지해서 무슨 소용이겠어요. 그러니 이기는 것은 최선이 아니라, 싸우지 않고 이기는 것이 최선이라고 말하죠. 그렇다면 어떻게 싸우지 않고 이길 수 있을까요?

　먼저 손자는 싸움의 대비를 철저히 해 다른 나라들이 전쟁을 할 엄두를 내지 못하게 해야 한다고 해요. 그런 후에 그 힘을 바탕으로 대화를 통해서, 그 나라를 굴복시켜야 한다고 하죠. 그럼에도 자신이 목표한 나라가 자신에게 굴복하지 않는다면, 다른 나라를 고립시켜 스스로 백기를 들게 만들어야 한다고 했어요. 손자는 전쟁이 시작되었을 때 이길 수 있는 여러 방법들 역시 〈손자병법〉에 적어 놓았어요. 하지만 전쟁 자체를 좋아하진 않았다는 걸 앞의 내용을 통해 알 수 있답니다.

<홍길동전> 속 언중유골

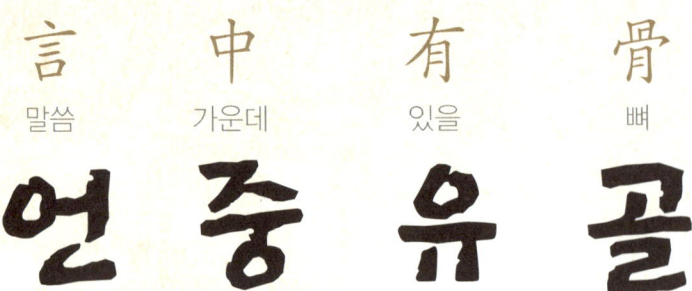

言中有骨
말씀 가운데 있을 뼈

언중유골

예사로운 말 속에 단단한 속뜻이 들어 있다는 말.

 홍길동, 집을 떠나 활빈당을 만들다

　조선 시대, 이조 판서 홍 판서와 노비 춘섬 사이에서 태어난 홍길동은 뛰어난 능력을 가지고 있었지만 첩의 자식인 서자라는 이유 하나만으로 갖은 무시를 당했어요. 하지만 길동은 다른 이들의 무시보다 더욱 가슴 아픈 일이 있었어요. 그건 바로 아버지를 아버지라 부르지 못하고 형을 형이라 부르지 못하는 것이었어요. 신분 제도가 철저한 조선에서 서자는 아버지를 '대감님'으로, 적자인 형을 '도련님'으로만 불러야 했거든요.

　한편, 홍 판서에게는 곡산모라는 또 한 명의 첩이 있었어요. 그녀는 남이 잘 되는 걸 배 아파하고 못 되는 걸 기뻐하는 인물이었어요. 그런데 춘섬이란 노비가 홍 판서의 첩이 되고 길동이라는 뛰어난 자식까지 낳은 걸 보니, 홍 판서의 마음이 자신에게서 멀어질까 봐 매일 밤잠을 설쳤어요.

"길동이 더 크기 전에 그놈을 죽여야겠다!"

곡산모는 당장 자객을 불러 길동을 죽이라고 시켰어요. 하지만 길동은 그런 곡산모의 생각을 꿰뚫어 보고 있었어요. 그래서 도술을 부려 자객과 싸우다 결국 그의 목숨을 빼앗았죠.

한순간에 살인자가 되어 버린 길동은 차라리 집을 떠나기로 마음먹었어요. 자신과 같은 처지의 사람들과 힘을 모아 이 세상을 바꾸겠다고 결심했죠. 길동이는 홍 판서에게 마지막 문안 인사를 드리기 위해 찾아갔어요.

홍 판서가 자다가 밖의 인기척을 느끼고 눈을 떠 밖을 나가니, 길동이가 무릎을 꿇고 엎드려 있는 게 아니겠어요.

"이 늦은 밤에 왜 이러고 있는 게냐."

"대감마님, 저는 이제 이 집을 떠나려 합니다. 사내대장부로 태어나 바깥세상을 보는 일이 어찌 두렵겠냐만은, 이렇게 떠나고 나면 제 가슴에 맺힌 한을 풀 길이 없으니 그것이 안타까울 따름입니다."

길동의 말은 언중유골이었으나 홍 판서는 미처 깨닫지 못하고, 그가 개인적인 설움 때문에 집을 나간다고 생각했어요. 그래서 길동을 달래려 말했어요.

"어찌 그런 말을 하느냐. 내 호부호형(아버지를 아버지라 부르고 형을 형이라 부르는 일)을 허락할 터이니 한을 풀거라."

그 말을 들은 길동은 자리에서 일어나 큰절을 올렸어요.

"아버님께서 오늘에야 제 한을 풀어 주시니 이제 죽어도 좋사옵니다. 부디 만수무강하시옵소서."

홍 판서에게 마지막 인사를 올린 길동은 어머니에게 찾아가 자신의 사정을 모두 이야기했어요. 길동의 어머니는 눈물을 흘렸지만 아들이 한 번 세운 뜻을 꺾을 수 없다는 걸 알고는 길동을 보내 주었죠.

그렇게 세상 밖으로 나간 길동은 먹고 살 길이 없어 도적이 된 이들을 모아 '활빈당'을 만들어 탐관오리에게 쌀과 돈을 빼앗아 가난한 이들에게 나누어 주는 의적이 되었어요.

<홍길동전> 속 언 중 유 골

홍 판서는 길동의 하직 인사 속에 숨어 있는 언중유골(言中有骨)을 알지 못해, 길동이 떠나는 걸 막지 못했어요. 이처럼 세상의 모든 말에는 숨어 있는 속뜻이 존재한답니다.

고전 깊이 읽기

 홍길동이 되고 싶었던 허균

　〈홍길동전〉이 발표된 조선 시대 중기는 실제로 서자의 차별에 대한 문제가 심각했어요. 당시 서자라는 이유만으로 자신의 능력을 펼칠 수 없었던 사람들은 이런 차별적인 신분 제도를 없애고 싶어 했어요. 당시 조정을 비롯한 사대부 지배층들은 그런 움직임을 반역으로 보았죠. 이런 상황 속에서 홍길동의 이야기는, 그 자체로 사회 문제가 될 수 있었어요.

　게다가 홍길동은 세상에 나가 '활빈당'이라는 단체를 모아 탐관오리를 무찌르고 그들의 재산을 빼앗아 가난한 백성들에게 나눠 줘요. 왕은 군대를 보내 홍길동을 잡으려 하죠. 하지만 홍길동은 그런 왕을 비웃듯 도술로 군대를 물리쳐요. 그리고 홍길동은 자신의 부하들을 이끌고 섬으로 가 율도국이라는 나라를 세워 행복하게 살아요. 강력한 왕권 사회였던 조선에서 이런 모습은 반역 그 자체였어요. 하지만 차별받던 서자와 서민들은 〈홍길동전〉을 읽으며, 자신들 역시 조선을 벗어나 율도국으로 가고 싶다는 꿈을 키웠죠. 반면 지배 계층 입장에서는 나라가 무너질지도 모른다는 불안감 때문에, 〈홍길동전〉을 '위험한 책'으로 생각했을 거예요.

　〈홍길동전〉의 작가인 허균은 서자 출신은 아니에요. 하지만 자유로운 사상을 가지고 서자 출신 지식인들과 많은 교류를 하며, 세상을 바꿔야 한다는 생각을 가졌죠. 그는 그런 생각을 실제로 옮기기 위해 반란을 준비하다, 역모죄로 사형을 당해요. 홍길동이 되고 싶었던 불행한 인물, 허균. 하지만 언중유골인 그의 소설은 지금까지 남아 많은 사람들의 가슴에 꿈을 심어 주고 있어요.

《삼국유사》 속 외 유 내 강

外 柔 內 剛
바깥 부드러울 안 굳셀

외 유 내 강

겉은 부드러운 듯하지만 속은 곧고 곧음.

 자기 집 마당에서 춤을 춘 처용

신라의 49대 헌강왕이 어느 날 신하들과 함께 동해 바닷가에 유람을 갔어요. 한참을 즐겁게 지내다 돌아가려 하는데, 갑자기 비가 내리고 안개가 끼어 한 치 앞이 보이지 않는 거예요. 그때 한 신하가 이야기했어요.

"이는 분명 동해 용왕이 한 일입니다. 용왕을 달래기 위해 좋은 일을 하시지요."

그 말을 들은 헌강왕은 즉시 근처에 용왕을 위한 절을 지으라고 명했어요. 그 명령이 떨어지자마자 안개가 걷히더니, 바다에서 동해 용왕과 그의 일곱 아들이 기뻐하며 나타났어요.

"내 헌강왕의 덕이 높다는 이야기를 듣고 한번 시험해 보려 했는데, 과연 소문이 사실이구려."

용왕과 그의 일곱 아들은 왕의 수레 아래에서 신 나게 춤을 추고는 다시 돌아갔어요. 그런데 그중 한 아들은 바다로 돌아가지 않고 헌강왕을 따라 왕궁으로 가, 왕을 도왔어요. 그 용왕 아들의 이름이 바로 처용이에요. 헌강왕은 처용에게 집을 주고, 급간이라는 벼슬도 내렸지요. 하지만 처용이 가장 기뻤던 건 아름다운 여인을 만나 혼인을 올린 일이었어요. 처용으로서는 더 이상 행복할 수 없었죠.

그런데 이런 처용에게 불행의 그림자가 드리워요. 역병을 일으키는 역신이 처용의 부인에게 반해 버린 거예요. 하지만 역신은 용왕의 아들인 처용과 정면으로 싸웠다가는 혼쭐이 날 거라는 걸 알고 있었어요. 그래서 나랏일에 바쁜 처용이 밤늦게 들어오는 틈을 타 처용의 모습으로 변해 그의 집에 몰래 숨어들었죠. 처용의 부인은 그 사실을 까맣게 모르고 역신을 처용인 줄 알고 반겼어요.

그날 밤, 일을 마치고 집으로 돌아온 처용은 툇마루에 신발이 네 개 있는 걸 보았어요. 곧 처용은 숨어들어온 이의 정체를 눈치채고 마당에서 노래를 지어 불렀죠.

동경 밝은 달에 밤새도록 노닐다가
들어와 자리를 보니 다리가 넷이구나.
둘은 내 것이지만 둘은 누구의 것인가.
본래 내 것이지만 빼앗긴 것을 어찌 하리.

그 노래를 들은 역신은 부끄러운 마음에 처용 앞에 모습을 드러내었어요.
"제가 처용 님의 부인이 너무 아름다워 이렇게 몰래 숨어들었습니다. 그런데도 화를 내기는커녕, 노래로 저의 잘못을 깨우쳐 주시니 몸 둘 바를 모르겠습니다. 앞으로 문 앞에 처용 님의 그림이 있기만 해도 절대 들어가지 않겠습니다."

외유내강을 지닌 처용의 일화가 알려진 뒤부터, 사람들은 대문 앞에 처용의 그림을 붙여 놓아 역병에 걸리지 않았다고 해요.

<삼국유사> 속 외 유 내 강

역신이 자신의 아내를 차지하려는 걸 알면서도 곧은 마음으로 싸우지 않고 노래로 그를 타이른 처용. 그의 외유내강(外柔內剛)한 모습 때문에 역신도 잘못을 깨닫고, 신라 사람들도 더 이상 역병에 걸리지 않게 되었답니다.

고전 깊이 읽기

 '처용의 노래'로 알아보는 신라 시대의 향가

처용이 마당에서 부른 노래가 기억나나요? 그런 노래를 일컬어 향가라고 해요. 신라 시대 때 크게 유행해서 고려 전기까지 그 흔적이 남아 있는 향가는, 중국에서 불리던 시가(詩歌 : 일정한 형식을 지닌 시를 지어 부르는 노래)와 구분하기 위해서 신라 시가라고도 불러요.

향가의 가장 큰 특징은 '향찰'로 기록되었다는 거예요. '향찰'이란 당시 우리말은 있었지만 우리글이 없었던 신라 시대 사람들이, 한자의 음과 뜻을 빌려 우리말을 표시한 것을 말해요.

향가는 신라 사회 전반에 퍼져 있던 민간 신앙과 불교에 대한 노래로 많이 이루어져 있어요. 하지만 두 부분이 섞여 있는 경우가 많아 정확한 구분을 내리기는 어려워요. 또한 서정적인 노래 역시 존재하죠.

신라 시대에는 수많은 향가가 존재했을 거라고 여겨지지만, 현재까지 전해지는 향가는 〈삼국유사〉에 나오는 향가 14수와 〈균여전〉이란 책에 나오는 향가 11수를 포함해 총 25수예요. 하지만 이 역시 가사만 남아 있을 뿐, 음은 전해지지 않았기에 신라 사람들이 어떤 노래를 불렀는지 알 수 없어 아쉬움을 남기고 있어요.

하지만 신라 시대부터 우리말로 된 노래를 지어 불렀다는 것만 봐도, 우리나라 사람들이 노래를 참 좋아했다는 걸 알 수 있어요. 또한 처용의 일화를 보면 춤도 췄다고 하잖아요? 지금 우리의 K-Pop이 전 세계를 열광하게 만드는 것도, 옛날부터 전해진 우리나라 사람들의 '흥겨움'이 있기 때문일 거예요.

<「아라비안나이트」속 용 두 사 미>

龍 頭 蛇 尾
용 머리 뱀 꼬리

용 두 사 미

용의 머리에 뱀의 꼬리라는 말로,
시작은 거창하나 끝이 흐지부지한 것을 말함.

 꾀부리는 하인과 버터 항아리

   옛날, 어느 마을에 꾀부리는 하인이 있었어요. 그는 늘 꾀를 부려 힘든 일은 피하려 해서 다른 하인들의 미움을 샀죠.
   그러던 어느 날, 꾀부리는 하인은 주인의 식사를 가져다주는 일을 시작했어요. 그게 가장 쉬운 일이기도 했지만, 그에게는 다른 생각이 있었죠. 그의 주인은 빵에다 버터를 발라 먹는 걸 좋아해서, 늘 식탁에 버터가 놓여 있었어요. 꾀부리는 하인은 주인 몰래 그 버터를 한 숟갈씩 덜어서 항아리에 옮겨 담았죠. 당시 버터는 상당히 비싼 음식이었거든요. 그래서 그걸 훔쳐다 내다 팔 생각이었던 거예요.
   "헤헤, 역시 난 머리가 좋다니깐."

그렇게 한 숟갈씩 모은 버터는 어느새 항아리 하나를 가득 채웠어요. 꾀부리는 하인은 버터 항아리를 팔아 돈을 벌 생각에 신이 나 잠을 설쳤어요. 그러다 혹시 쥐가 와 자신의 버터를 훔쳐 먹을까 봐 걱정이 된 하인은 천장 깊숙한 곳에 숨겨 놓은 버터 항아리를 꺼내 꼭 끌어안았어요. 그러면서 혼자 상상의 나래를 펼쳤죠.

'이 버터 항아리를 팔아서 뭘 하면 좋을까? 그래, 맞아. 양을 한 마리 사야겠어. 버터는 비싸니 분명 양 한 마리쯤이야 살 수 있을 거야. 그런데 이왕 양을 살 거라면 암양이 좋겠어. 그래야 새끼도 내 차지가 될 테니까. 아마 내가

산 암양은 튼튼해서 한 번에 새끼를 두 마리나 낳을걸. 그것도 분명 수놈과 암놈으로 말이야. 그러면 그 양들이 또 새끼 양을 낳겠지. 또 그 양이 커서 새끼 양을 낳을 거고. 그러다 보면 어느새 수십 마리로 늘어나겠지. 그럼 양들을 팔아 번 돈으로 농장을 세워야겠어. 그리고 소와 말을 사서 또 새끼를 낳게 해야지. 소와 말은 양보다 비싸니까 돈을 더 많이 벌 수 있을 거야.

그럼 그 돈으로 집을 지어야지. 커다랗고 화려한 집으로. 왕도 우리 집을 보면 부러워할 정도로 말이야. 그러면 아마 나랑 결혼하려고 여자들이 줄을 설 거야. 그중에서 가장 아름다운 여자와 결혼을 해야지. 그리고 날 꼭 닮은 아들을 낳는 거야.

내 아들은 공부를 시켜야겠어. 그래서 훌륭한 학자로 키워야지. 최고로 유명한 선생님들을 모셔서 공부를 가르치게 해야지. 그런데 만약 그놈이 공부를 안 하려고 꾀를 부리면 어쩌지? 흥, 만약 그러기만 한다면 내가 혼쭐을 내 줘야지. 엉덩이를 찰싹 찰싹 때릴 거야. 이렇게, 이렇게!'

꾀부리는 하인은 마치 자기 앞에 아들이 있는 것처럼 손을 마구 흔들었어요. 그런데 어쩌죠? 그 바람에 꾀부리는 하인의 손에 들려 있던 버터 항아리가 툭 떨어져 버린 거예요. 항아리는 산산조각이 났고, 안에 든 버터는 모두 땅바닥에 흩어져 녹아 버렸어요. 다시는 주울 수 없게 되었으니, 시작은 거창하지만 끝은 초라한 용두사미 꼴이 난 거죠.

<아라비안나이트> 속 용 두 사 미

꾀부리는 하인은 자신이 만든 상상 속에서 얼마나 행복했을까요? 하지만 그 끝이 너무나 초라하네요. 시작은 거창하지만 끝이 초라한 용두사미(龍頭蛇尾)의 교훈을 꾀부리는 하인은 확실히 깨달았을 거예요.

고전 깊이 읽기

이야기 속의 이야기 속의 이야기

'꾀부리는 하인과 버터 항아리' 이야기는 꾀부리는 하인이 주인의 버터를 몰래 훔치는 이야기와, 그 이야기 속에서 하인의 상상으로 풀어나가는 이야기까지 두 개의 이야기가 있어요. 이런 걸 '액자식 구성' 이야기라고 해요. 액자 속에 그림이 있는 것처럼, 큰 이야기(액자) 속에 또 다른 이야기(그림)가 있는 걸 말하는 거죠.

이런 액자식 구성을 가장 많이 사용하는 작품이 바로 〈아라비안나이트〉예요. 〈아라비안나이트〉는 왕비의 부정으로 인해 분노에 사로잡힌 샤리야르 왕의 잘못을 현명한 여인 셰에라자드가 바로잡아 주는 이야기죠. 이때 셰에라자드가 들려주는 이야기를 액자식 구성으로 볼 수 있죠.

그뿐 아니라 셰에라자드가 들려주는 이야기에도 액자식 구성이 나와요. 그것도 한 번이 아니라 계속해서 나오며 이야기 속의 이야기 속의 이야기를 들려주는 경우가 많아요. 예를 들면 A와 B가 싸우고 있는데 A는 B의 잘못을 알려 주기 위해 C와 D의 이야기를 해요. 그런데 그 C와 D의 이야기 안에서도 C가 D에게 이야기를 해요. 그 이야기를 들은 B 역시 콧방귀를 뀌며 자기가 아는 또 다른 이야기를 하죠.

그런데 왜 〈아라비안나이트〉의 이야기는 이런 액자식 구성으로 진행될까요? 그건 아마 셰에라자드의 지혜 때문일 거예요. 이야기가 끝나 버리면 샤리야르 왕에게 죽임을 당할 테니, 이야기를 끝내지 않기 위해서 계속해서 이야기 속에 이야기를 넣고, 또 그 이야기 속에 이야기를 넣은 것이죠.

《일리아드》 속 용호상박

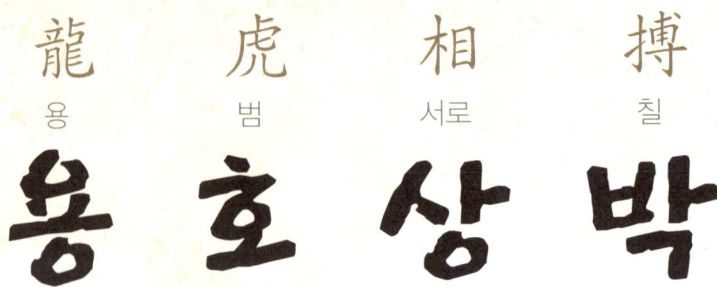

龍 虎 相 搏
용 범 서로 칠

용호상박

용과 호랑이가 서로 싸운다는 말로,
누가 이길지 모르는 강자들의 싸움을 일컫는 말.

 아킬레우스와 헥토르의 싸움

'트로이 전쟁'이라는 말을 들어본 적이 있을 거예요. 고대 그리스와 트로이와의 전쟁을 일컫는 말이죠.

트로이의 왕자 파리스가 그리스 최고의 미녀이자 그리스 왕의 부인인 헬레나를 납치하자, 분노한 그리스 왕은 배를 띄워 트로이로 향해요. 그리고 트로이를 멸망시키기 위해 무려 10년이라는 긴 시간 동안 전쟁을 벌이죠.

사실 그리스의 전력이 훨씬 우세했지만, 트로이는 쉽게 꺾이지 않았어요. 바로 트로이에는 영웅 헥토르가 있었기 때문이죠. 트로이 왕의 장남이자 파리스의 형, 그리고 트로이군의 총사령관 헥토르는 힘만큼이나 머리가 명석했고, 남을 아끼는 마음 또한 훌륭한 '이상적인 전사'였어요.

그리스군의 총사령관 아가멤논 역시 헥토르에게 죽을 위기를 몇 번이나 넘겼어요. 아가멤논은 그럴 때마다 분통을 터뜨렸답니다.

"아킬레우스만 나와 준다면 우리가 금방 승리할 텐데!"

바다의 여신 테티스와 인간 사이에서 태어난 영웅 아킬레우스는, 어머니의 가호를 받아 어떤 상처를 입어도 죽지 않는 불사신이었죠. 그리스에서 유일하게 헥토르를 이길 수 있을 만한 영웅이었어요. 하지만 그는 헥토르와 다르게 성격이 급하고 옹졸한 면이 있었어요. 그래서 아가멤논이 예전에 자신을 무시한 걸 잊지 않고 지금껏 한 번도 전쟁터에 나가 싸우지 않았어요.

그러던 중, 아킬레우스의 가장 친한 친구가 전쟁 중에 헥토르에게 죽음을 맞이해요.

그 소식을 들은 아킬레우스는 친구를 죽인 헥토르에 대한 복수심 때문에 드디어 전쟁에 참여해요.

아킬레우스는 전쟁에 참여하자마자 수많은 트로이군을 무찔렀어요. 성 안에서 그 모습을 본 헥토르는 순간 겁이 났어요. 하지만 자신이 꽁무니를 빼면 트로이는 끝이라는 걸 안 헥토르는 갑옷을 챙겨 입고 아킬레우스 앞에 나섰어요.

"그리스의 영웅 아킬레우스여, 여기 나 헥토르가 나왔다. 어서 덤벼라!"

아킬레우스와 헥토르는 서로 칼을 빼내 들고 맞서 싸웠어요. 칼이 부딪칠 때마다 천둥소리가 났고, 두 영웅의 몸에서 뿜어져 나오는 열기는 태양과도 같았답니다. 마치 용과 호랑이가 싸우는 ==용호상박==의 형상이었죠! 그 싸움이 어찌나 격렬했던지 각 나라의 병사들뿐 아니라 그리스와 트로이를 지키던 신들마저도 감히 끼어들 생각을 하지 못했답니다.

하지만 결국 아킬레우스의 일격이 헥토르의 심장에 꽂히며, 헥토르는 숨을 거두었답니다. 아킬레우스는 드디어 친구의 원수를 갚았다는 생각에 기쁨의 눈물을 흘렸어요.

이 싸움으로 인해 트로이 전쟁의 승기는 그리스 쪽으로 완전히 기울었고, 결국 트로이는 멸망했답니다.

〈일리아드〉 속 용 호 상 박

친구의 원수를 갚으려는 그리스의 영웅 아킬레우스와, 자신의 나라를 지키려는 트로이의 영웅 헥토르의 싸움. 얼마나 격렬했을까요? 결국 승자는 아킬레우스였지만, 누가 이겨도 이상할 것 없는 이런 대등한 싸움을 용과 호랑이의 싸움, 용호상박(龍虎相搏)이라고 말해요.

고전 깊이 읽기

〈일리아드〉를 읽고 트로이 유적을 발굴하다

　고대 그리스의 가장 훌륭한 시인 호메로스의 대표작 〈일리아드〉는 그리스 로마 신화에서 가장 큰 전쟁인 트로이 전쟁을 다루고 있어요. 트로이의 왕자 파리스가 그리스 최고의 미녀 헬레나를 데리고 도망치면서부터 시작된 이 전쟁은 각 나라를 응원하는 신들의 싸움으로까지 번지면서 무려 10년이라는 긴 시간 동안 지속되죠. 끝까지 성문을 열지 않는 트로이를 결국 멸망시킨 건 〈오디세이〉의 주인공인 오디세우스의 지혜였어요. 그는 먼저 해변가에 커다란 목마를 만들고 그 안에 그리스의 용사들과 함께 숨었어요. 그리고 다른 그리스 군사들은 퇴각한 것처럼 꾸미죠. 하루아침에 그리스 군사들이 사라지자 자신들이 승리했다고 믿은 트로이군은 신이 나서 축제를 벌여요. 그리고 해변가에 세워 놓은 목마를 전리품 삼아 성벽 안으로 끌고 들어오죠. 모든 트로이 군사들이 술에 취해 잠든 그날 밤, 오디세우스는 목마에서 나와 성문을 열고 그리스 군사들을 불러 트로이 성을 점령해요. 10년을 끈 트로이 전쟁은 그렇게 끝이 나 버리죠. 그 목마가 바로 유명한 '트로이의 목마'예요. 지금도 '트로이의 목마'는 '적이 나를 해치기 위해 주는 선물'이라는 뜻으로 쓰이고 있죠.

　한 가지 재미있는 사실. 많은 사람들은 〈일리아드〉를 읽으면서 이 전쟁을 그저 신화로만 생각했어요. 하지만 단 한 명, 독일의 고고학자 하인리히 슐리만은 트로이 전쟁이 진짜 역사적 사실이라고 믿었죠. 그래서 평생에 걸쳐 트로이의 흔적을 찾아다녔죠. 사람들은 모두 그가 낮에도 꿈을 꾸는 바보라고 비웃었지만, 결국 슐리만은 트로이 유적을 찾아냈고 '고고학의 아버지'라는 칭호를 얻게 되었어요.

<햄릿> 속 우유부단

優 柔 不 斷
넉넉할 부드러울 아닐 끊을

우 유 부 단

어물어물 망설이기만 하고 결단성이 없음을 뜻하는 말.

 ### 죽느냐 사느냐, 고민하는 햄릿

덴마크의 왕자 햄릿은 아버지의 갑작스러운 죽음에 큰 충격을 받았어요. 게다가 어머니 거트루드는 장례식을 치르자마자 재혼을 했죠. 바로 자신의 삼촌이자 아버지의 동생, 덴마크의 새로운 왕 클로디어스와 말이에요. 아무리 남편이 죽으면 남편의 동생과 재혼하는 것이 당시의 풍습이긴 했지만, 그런 갑작스러운 변화를 햄릿은 받아들일 수 없었죠. 밤마다 성벽을 거닐며 한숨을 내쉬던 햄릿 앞에 누군가 나타났어요. 그는 바로 죽은 자기 아버지의 유령이었죠!

"내가 자고 있는 틈을 타, 클로디어스는 내 귀에 액체로 된 독약을 흘려 넣었다. 그리고 내 왕위를 차지하고, 내 부인과 결혼했지. 그것보다 더욱 끔찍한 일이 무엇인 줄 아느냐, 햄릿? 나의 부인이자 너의 어머니 거트루드가 이 계획의 공범이라는 사실이다. 거트루드는 오래 전부터 클로디어스와 정을 통하고 있었으니까 말이다!"

아버지를 죽인 것이 삼촌이라니. 게다가 그 끔찍한 계획을 어머니가 알고 있었다니. 햄릿은 금방이라도 쓰러져 버릴 것만 같았어요.

"나의 아들 햄릿아, 네가 내 복수를 해 다오. 그렇지 않으면 내 영혼은 언제까지나 안식을 찾지 못할 것이다."

그 말을 끝으로 아버지의 유령은 사라졌어요. 홀로 남은 햄릿은 자신의 칼을 빼내들며 맹세했죠.

"아버지, 이 칼로 아버지의 복수를 하겠습니다."

그때부터 햄릿은 정신이 나간 사람처럼 행동하며 복수의 기회를 노렸죠.

하지만 햄릿의 마음 한편에는 의심이 있었어요. 과연 자신이 만난 것이 아버지의 유령이 맞는지, 혹시 자신이 아버지의 갑작스러운 죽음으로 충격을 받아 헛것을 본 것은 아닌지, 계속해서 가슴 한편을 흔드는 그런 의심 때문에 햄릿은 쉽사리 복수를 하지 못했어요.

그래서 햄릿은 과연 유령의 말이 진실인지 알기 위해 계획을 짜요. 바로 유랑 극단을 왕궁으로 불러들인 후, 아버지가 죽은 사건과 흡사한 내용의 극을 짜서 보여 주는 것이었죠. 그 연극을 본 햄릿의 어머니는 충격을 받고 기절 직전까지 가고, 삼촌 클로디어스는 화를 내죠. 그 모습을 본 햄릿은 유령의 말이 사실인 걸 알고 복수의 칼을 들어요.

하지만 여전히 햄릿은 직접 삼촌을 죽여야 한다는 사실에 대해 두려움을 느껴요. 그래서 햄릿은 예배당에서 홀로 기도를 하는 클로디어스의 뒤로 다가가 칼을 빼내들지만, 차마 찌르지를 못해요. '기도하는 자를 죽이면 그의 영혼이 천국으로 갈 것이다. 복수를 하는 입장에서 그의 영혼을 천국으로 보낼 수 없다.'며 스스로 변명했지만, 결국은 겁이 나 피한 것이죠.

햄릿이 <mark>우유부단</mark>한 태도를 보이는 사이, 그가 자신을 죽이려 한다는 사실을 안 클로디어스는, 반대로 햄릿을 죽일 계획을 짜요. 하지만 그 계획은 점점 꼬여만 가서, 결국 마지막에는 모두 죽고 마는 끔찍한 결과를 낳게 되지요.

<햄릿> 속 우 유 부 단

아, 불쌍한 햄릿! 만약 그가 냉정히 복수를 하던가, 아니면 아예 복수를 할 마음을 가지지 않았다면 그런 끔찍한 결과는 벌어지지 않았을 텐데……. 햄릿의 우유부단(優柔不斷)함이 스스로를 죽음에 이르게 하고 말았네요.

고전 깊이 읽기

 ## 고뇌하는 인간을 그린 〈햄릿〉

"〈햄릿〉이 너무 길다고 생각하지 않는가?"

영국의 명문대인 옥스퍼드대학교의 영문학과에서 낸 입학 면접시험 문제라고 해요. 셰익스피어의 4대 비극이자, 세계적으로 가장 유명한 희곡 중 하나인 〈햄릿〉이 너무 길다니? 실제로 〈햄릿〉은 셰익스피어의 작품 중에서도 가장 긴 작품에 속해요. 〈햄릿〉이 이렇게 길어진 이유는 바로 주인공 햄릿 때문이죠. 이 작품의 대부분은 주인공 햄릿이 아버지의 복수를 할 것인가, 말 것인가 고민하는 내용이거든요. 그래서 성질 급한 사람이 보기에는 답답할 수도 있을 거예요.

"아니, 당장 뛰어가서 복수를 하면 되지, 뭘 저렇게 끌고 난리야!"

이런 모습들 때문에 햄릿을 우유부단(優柔不斷)한 인물의 대표로 꼽기도 하죠. 하지만, 햄릿을 단순히 우유부단한 인물이 아니라 신중한 인물로 볼 수도 있어요. 햄릿이 아버지의 죽음에 삼촌과 어머니가 연관되어 있다는 사실을 알게 되는 건, 아버지의 유령이 들려준 말 때문이에요. 그런데 믿지도 않았던 유령의 말 때문에 살인으로 복수를 해야 한다는 건, 햄릿에게 당혹스러운 일이었을 거예요. 그래서 그는 계속 '과연 실제로 삼촌과 어머니가 아버지를 죽였는가?'에 대한 증거를 찾아요. 그 와중에 실수로 자신이 사랑하는 오필리아의 아버지인 재상 폴로니어스를 죽이죠. 그 결과 자신이 사랑하는 오필리아도 미쳐서 물에 빠져 죽고 말아요. 자신의 살인으로 생겨난 끔찍한 결과를 보며, 햄릿은 대체 무슨 생각을 했을까요? 과연 살인으로 복수를 이룰 수 있을 것인지에 대한 고민을 하지 않았을까요.

〈성경〉 속 우이독경

牛 耳 讀 經
소 귀 읽을 경서

우이독경

소귀에 경 읽기. 어리석은 사람은 말해도 알지 못한다는 뜻.

 산 위에 방주를 만든 노아

"방주를 만들라니요?"

갑자기 자신을 찾아온 하느님에게 경배를 올리던 노아는, 하느님의 말씀에 잠시 얼떨떨했어요. 하지만 이어진 하느님의 말씀에 깜짝 놀라고 말았어요.

"내가 하늘에서 지금의 세상을 보고 있노라니, 사람들에게 온갖 부패함과 포악함이 가득하구나. 더 이상 좋아질 기미가 보이지 않는 이 세상을 내 물로써 씻어낼 것이다. 하지만 이 세상에서 유일하게 나를 섬기는 의로운 이가 한 명 있으니, 바로 노아 너란다. 그러니 너는 너와 이 세상의 생명들을 지키기 위해 방주를 만들거라."

하느님은 노아에게 방주를 어떻게 만들 것인지 세세하게 말씀해 주셨어요.

그리고 그 방주에 노아의 가족과 함께 몇 쌍의 동물들을 태우라고 하셨죠. 물로 씻어 낸 새로운 세상에 다시 뿌리내릴 생명을 지키기 위함이었어요. 노아는 꼭 하느님의 말씀을 지키겠노라고 맹세했죠.

다음 날부터 노아는 산 중턱에 방주를 만들기 시작했어요. 온 생명체를 다 태울 만큼 커다란 크기의 방주를 만드는 작업이기에 오랜 시간이 걸렸죠. 그러는 동안 노아의 소문은 방방곡곡으로 퍼져나갔어요.

"이봐, 소문 들었나? 산 중턱에다 배를 만드는 이상한 노인이 있다더군."

"나는 직접 가서 봤다니까. 도대체 무슨 짓인지 알 수가 없어!"

어떤 사람들은 한창 작업 중인 노아를 찾아가 대체 왜 이런 일을 하느냐고 묻기도 했어요. 그럴 때마다 노아는 자신이 보고 들은 이야기를 성심성의껏 해 주었답니다. 한 명이라도 더 선한 사람을 찾아서 하느님의 심판을 피하게

해 주고 싶은 마음 때문이었어요. 하지만 노아의 말을 들은 사람은 모두 다 그를 비웃으며 돌아가 버렸답니다. 노아는 슬펐지만 일을 멈출 수 없었어요. 곧 하느님이 물로 심판을 내릴 날이 가까워졌기 때문이었어요.

드디어 방주가 완성되자 노아는 동물들과 함께 방주에 올라탔어요. 하느님은 일주일 후에 비를 내리겠다고 알려 주었죠. 노아는 자신을 구경하는 사람들을 향해 계속해서 외쳤어요.

"여러분, 이제 곧 하느님이 비를 내려 세상을 심판하실 겁니다. 그 전에 진심으로 회개하시고 어서 이 방주에 올라타십시오!"

하지만 세상 사람들에게 노아의 말은 우이독경일 뿐이었어요. 아무도 그의 말을 믿지 않았죠. 오히려 일주일 내내 맑은 하늘을 보며 노아를 비웃기 바빴어요.

일주일 뒤, 하늘에 먹구름이 가득해지더니 큰 비가 내리기 시작했어요. 그제야 사람들은 노아가 한 말이 사실이란 걸 깨달았어요. 하지만 이미 때는 늦고 말았죠. 끝없이 내린 비로 세상은 물에 잠겨 버렸고, 방주에 올라탄 노아의 가족들과 동물 말고는 모든 생명이 사라지고 말았어요.

40일 동안 내린 비가 멈춘 후에도 한참 동안이나 세상은 물에 잠겨 있었어요. 그리고 드디어 물이 사라지고 땅이 드러나자, 노아는 방주에서 내려 새로운 세상을 열어 나갔어요.

〈성경〉 속 우 이 독 경

노아의 말에 사람들이 한 번만 귀 기울였다면, 홍수에서 살아남을 수 있었을 거예요. 하지만 그들은 노아의 말을 들을 마음이 전혀 없었어요. 소귀에 아무리 좋은 이야기를 들려줘도 알지 못하는, 우이독경(牛耳讀經)의 상황이었던 거죠.

고전 깊이 읽기

 ## 전 세계 신화에 나타난 '홍수' 이야기

　〈성경〉은 기독교의 성전일 뿐만 아니라, 수많은 은유와 교훈으로 가득 찬 고전이기도 하죠. 게다가 재미있는 사실은 역사적인 근거가 있는 이야기들도 많이 있다는 거예요. 가장 대표적인 게 바로 방금 읽은 노아의 홍수 이야기죠.

　홍수 이야기는 전 세계의 신화 및 설화에 공통적으로 나타나는 이야기랍니다. 그리스 로마 신화에서도 제우스가 9일 밤낮으로 비를 내렸다는 이야기가 있고, 인류의 최초 문명 발원지로 알려진 수메르에도 홍수 신화가 전해져요. 그뿐만 아니라 힌두교 신화, 잉카 신화, 중국 신화에서까지 홍수 신화가 나타나요. 그 이야기들은 모두 비슷한 구조를 띠고 있답니다.

　신이 사악한 인간들을 쓸어내고 세상을 정화시키기 위해 홍수를 일으키는데, 유일하게 선한 인간 몇몇만 살아남을 수 있는 길을 알려주죠. 그리고 곧 비가 내려 세상이 정화된 후에, 신이 선택한 선한 인간이 다시 한 번 인간의 세상을 시작해 나간다는 이야기예요.

　이런 홍수 설화를 근거로 역사학자들은 기원전 2300~2200년 경에 전 세계적으로 엄청난 홍수가 일어났을 거라고 추정해요. 하지만 설화에서만큼 엄청난 홍수는 아니었을 거라고도 해요. 당시 둑이나 댐을 지을 만큼의 기술이 없었기 때문에, 조금만 큰 비가 내려도 많은 피해를 입었을 거라는 거죠. 옛날 사람들은 자연 현상이 일어나는 원리를 몰랐기 때문에 그런 피해를 신의 노여움이라고 믿었을 거예요.

　단순한 고전 속 이야기가 실제 역사 속의 한 장면이었다니, 재미있지 않나요?

<삼국유사> 속 이구동성

異 口 同 聲
다를 입 같을 소리

이구동성

입은 다르지만 하는 말은 같다는 뜻으로,
여러 사람의 말이 한결같음을 이르는 말.

 용에게 납치된 수로부인

신라 시대 귀족 순정공에게는 아름다운 아내 수로부인이 있었어요. 그런데 수로부인은 너무 아름다워 사람뿐 아니라 귀신들까지 그녀를 좋아했었죠.

순정공은 왕에게 강릉 태수로 부임하라는 명을 받았어요. 그래서 수로부인과 함께 강릉을 향해 출발했죠. 동해 바다를 보며 길을 가던 중, 순정공 일행은 바닷가를 향해 세워진 정자를 발견했어요.

"점심때도 되었으니 저 정자에서 식사를 해야겠구나."

순정공과 수로부인은 정자에 앉아 점심을 먹었어요. 그런데 갑자기 하늘이 어두워지더니 바다에서 용이 솟구쳐 오르는 게 아니겠어요. 다들 놀라 어쩔 줄 몰라 하는 사이, 용은 수로부인을 데리고 바다 안으로 들어가 버렸어요. 순정공은 발을 구르며 수로부인을 불렀지만 어찌할 도리가 없었어요.

그때 한 지혜로운 노인이 그 모습을 보고 다가와 말했어요.

"옛날 사람들이 '여러 사람이 한 목소리로 말하면 무쇠도 녹일 정도로 무섭다.'고 했습니다. 사람도 그 정도이니, 바다의 용 역시 사람의 입을 무서워할 것입니다. 그러니 사람들을 모아 노래를 부르며 지팡이로 바닥을 두드리게 하십시오. 그러면 용도 어쩔 수 없이 부인을 돌려줄 것입니다."

순정공은 그 말을 듣고 근처 마을의 백성들을 모두 불러 모았어요. 그리고 노래를 지어 부르게 했는데, 그게 바로 '해가'예요.

거북아, 거북아! 수로부인을 내놓아라.
남의 아내를 빼앗아 간 죄 얼마나 큰가?
네가 만약 거역하고 내다 바치지 않으면
그물을 쳐 잡아서 구워 먹으리라.

이 노래는 가야의 건국신화인 김수로왕 신화와도 밀접한 연관이 있어요. 가야의 각 지역을 다스리던 장로들은 하늘에 자신들의 왕을 내려달라고 빌었어요. 그러다 하늘에서 대답이 내려왔죠. 봉우리 정상에 있는 땅을 파며 노래를 부르면 왕이 모습을 드러낼 것이라고요. 그래서 아홉 장로들은 '거북아, 거북아, 머리를 내놓아라. 그렇지 않으면 구워 먹으리'라는 구지가를 부르며 땅을 파 황금 알을 얻어요. 그 황금 알에서 바로 가야의 왕 김수로왕이 태어났죠. 이때 장로들이 부른 구지가를 변형해서 부른 게 바로 해가예요.

이렇게 이구동성으로 해가를 부르니 용은 결국 참지 못하고 수로부인을 육지로 돌려보내 주었어요. 순정공은 기뻐하며 수로부인과 함께 다시 여행길에 올랐어요.

<삼국유사> 속 이 구 동 성

우리가 생각하는 용은 굉장히 힘이 센 무서운 동물인데, 사람의 말이란 게 정말 무서운가 봐요. 마을 사람들이 모두 모여 이구동성(異口同聲)으로 노래를 부르자 용이 수로부인을 풀어 준 걸 보면 말이에요!

고전 깊이 읽기

 ## 수로부인과 헌화가

　수로부인이 용에게 납치되기 전날, 또 하나 신기한 일이 있었어요. 그날은 순정공 일행이 강릉으로 출발한 첫날이었죠. 수로부인이 길을 가는데 바닷가 높디높은 절벽에 철쭉이 아름답게 피어 있는 걸 보았어요.
　"철쭉이 무척 아름답구나. 어디 철쭉을 꺾어 나에게 바칠 사람 없소?"
　하지만 누구도 선뜻 나서지 못했어요. 그도 그럴 것이 철쭉이 피어 있는 절벽은 도저히 사람이 올라갈 만한 높이가 아니었거든요.
　그런데 그때 암소를 끌고 가던 노인이 그 모습을 보았어요. 그러더니 홀로 절벽에 올라 철쭉을 꺾었어요. 다들 믿을 수 없다는 듯 그 모습을 바라보고만 있는데 그 노인은 다시 내려와 수로부인에게 꽃을 바쳤죠. 멋진 노래와 함께 말이죠.

　자줏빛 바위 가에
　암소 잡은 손 놓게 하시고,
　나를 아니 부끄러워하시면
　꽃을 꺾어 바치겠나이다.

　건장한 남자도 올라가기 힘든 언덕을 손쉽게 올라간 이 노인의 정체는 과연 누굴까요? 혹시 다음 날 나타난 용은 아니었을까요? 정확한 건 알 수 없지만, 평범한 사람이 아닌 것만은 확실해요. 그리고 그만큼 수로부인이 아름다웠다는 사실도 알 수 있어요.

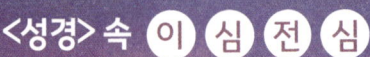

以　　心　　傳　　心
써　　마음　전할　마음

이심전심

마음에서 마음으로 뜻이 통한다는 말.

 예수님의 목소리를 들은 사도 바울

사도 바울은 뛰어난 지도자였어요. 그는 여러 지역을 여행하며 예수님의 말씀을 전하고, 예수님이 바로 이 땅의 구원자라는 것을 알리기 위해 노력했죠. 그렇게 바울이 선교를 위해 걸은 길의 길이는 무려 20,000km가 넘는다고 해요. 또한 당시 로마는 기독교를 박해하고 있었을 뿐 아니라, 유대인들 역시 예수님을 믿지 않았기에 그의 여행길은 도처에 위험이 도사리고 있었어요. 실제로 바울은 배가 난파되어 죽을 뻔한 적이 세 번이나 있었고, 사람들에게 붙잡혀 매를 맞고 돌을 맞는 고통을 받았죠. 또 바울은 예수님을 믿지만 그의 말씀을 이해하지 못하는 사람들을 위해 편지를 썼어요. 그 편지들은 지금도 남아 있어요. 바로 신약성서 27편의 문서 중 무려 13편이 바울의 편지로 이루

어져 있죠. 이처럼 바울은 신념뿐 아니라 학식이 뛰어난 사람이었어요. 그는 구약성서를 바탕으로 예수님이 왜 이 땅의 구원자인지를 설명했죠. 그가 정리한 사상 대부분은 후의 기독교 사상에 큰 영향을 끼쳤어요.

그런데, 이런 바울이 처음에는 예수님의 제자들을 박해하는 데 앞장선 인물이었다는 걸 알고 있나요?

로마의 시민권자로 유대의 좋은 가문에서 태어난 바울은 원래 예수님을 믿지 않았어요. 예수님이 돌아가신 후, 로마 전역에서는 수많은 기독교인들이 생겨 났는데, 당시 유대교를 믿었던 바울은 그런 기독교인들을 박해했어요. 그 결과 그는 직접 유대교 대제사장의 권한을 위임받는 자리에까지 올라섰어요.

유대교 대제사장의 명을 받은 바울은 다마스쿠스(현재 시리아의 수도)에 있는 기독교인들을 탄압하기 위해 말을 타고 여행길에 올랐어요. 다마스쿠스에 거의 다 도착해 가는데, 갑자기 하늘에서 눈부신 빛과 함께 웅장한 소리가 들렸어요. 그건 그냥 소리가 아니었어요. 바로 예수님의 음성이었죠.

"바울아, 너는 왜 나를 박해하려 하느냐!"

그 음성에 놀란 바울은 충격으로 눈이 멀어 버렸어요. 하지만 바울에게 그런 육체적인 부상은 중요한 게 아니었어요. 예수님의 음성을 듣는 순간, 자신이 지금까지 얼마나 큰 잘못을 했는지를 깨달아 버린 것이죠.

<mark>이심전심</mark>으로 예수님의 마음을 알게 된 바울은 예수님의 충실한 제자가 되기로 마음먹었어요.

그는 눈 먼 몸을 이끌고 예수님의 제자 아나니아에게 찾아가 세례를 받았고, 그 순간 그의 눈은 다시 떠졌죠.

이후 바울은 예수님의 가르침을 사람들에게 전하기 시작했어요. 예수님의 마음을 깨닫고 그가 이 땅의 구원자라는 것을 알리기 시작한 것이지요.

다른 사람에게는 천둥벼락으로만 들렸던 소리가, 바울에게는 남은 생애를 결정짓는 소리로 다가온 것이었어요.

<성경> 속 이 심 전 심

왜 예수님을 믿지 않던 바울이 예수님의 말씀을 전하는 사람이 되었을까요? 그건 예수님의 마음이 바울에게 전달되었기 때문이에요. 다른 사람들에게는 그냥 천둥벼락 소리였지만, 들을 준비가 되어 있던 바울에게는 예수님의 목소리가 마음을 통해 이심전심(以心傳心)으로 다가온 것이죠.

고전 깊이 읽기

부처님의 마음을 홀로 이해한 가섭

부처님의 일화 중에 '염화미소'란 말이 있어요. '꽃을 들고 웃음을 짓다.'는 뜻이에요.

부처님이 설법을 하며 인도 전역을 떠돌 때의 일이에요. 그때 어느 왕이 부처님께 부탁을 드렸어요.

"제 나라에는 영산이란 곳이 있습니다. 그곳에 오셔서 사람들에게 부처님의 도를 알려 주십시오."

부처님이 영산으로 향하자 팔만 명이나 되는 사람들이 모여 부처님의 말씀을 들을 준비를 하고 있었죠. 그때 왕이 부처님께 연꽃을 바쳤어요. 그러자 부처님은 아무 말 없이 그 연꽃을 들어 사람들에게 보여 주었죠. 사람들은 그게 대체 무엇을 뜻하는지 몰라 멍하니 있었어요. 그런데 그중 단 한 명, 가섭만이 말없이 미소를 지었어요.

부처님은 가섭의 미소를 보고, 그만이 자신의 뜻을 이해했다는 걸 알았어요. 그래서 그를 따로 불러 자신의 도를 알려 주었죠.

부처님은 대체 연꽃을 들고 무엇을 말하려 한 걸까요? 그리고 가섭은 그런 부처님의 모습에서 무엇을 깨닫고 미소를 지었을까요? 우리는 알 수 없어요. 부처님과 가섭의 마음이 이심전심(以心傳心)으로 통했기에 생겨난 일이니까요.

<삼국지> 속 일석이조

一 石 二 鳥
하나 돌 두 새

일석이조

돌 하나로 새 두 마리를 잡는다는 말로,
한 가지 일로 두 가지 이득을 거둔다는 뜻.

 ## 조조에게 10만 개의 화살을 빌린 공명

　유비는 제갈공명을 만난 후, 금방이라도 천하를 통일할 수 있을 것만 같았어요. 하지만 현실은 냉정했어요. 제갈공명이 아무리 뛰어나다 해도 유비의 전력만으로 백만 조조군을 막을 수는 없었죠. 그래서 제갈공명은 강동의 패자, 손권과 힘을 합칠 계획을 세웠어요.

　당시 '강동의 호랑이'라고 불리던 손권은 양자강을 사이에 두고 조조와 대립하고 있었어요. 그 사실을 안 제갈공명은 손권을 찾아갔죠. 그리고 손권을 설득해 동맹을 맺어 조조와 함께 싸우기로 결의했죠. 하지만 그 결정에 불만을 가진 사람이 한 명 있었어요. 바로 손권의 가장 친한 친구이자 오른팔인 주유였어요. 출중한 무술 실력을 가졌을 뿐 아니라 지혜 또한 뛰어난 주유는 그 결정이 유비에게만 득이 될 거라는 걸 눈치챘어요.

'공명, 저 놈이 감히 우리를 이용하려고 하다니……'

공명의 지혜가 분명 자신들에게 위협이 될 거라는 걸 안 주유는 그를 죽이기로 마음먹어요.

주유는 공명을 불러 명령을 내려요.

"조조와 곧 싸워야 할 터인데 화살이 부족합니다. 제가 일주일의 시간을 드릴 테니, 화살 10만 개를 만들어 주십시오."

화살 10만 개를 일주일 만에 만들라니! 말도 안 되는 이야기였어요. 주유는 만약 공명이 거절하면 그걸 핑계 삼아 동맹을 파기할 생각이었죠. 하지만 공명은 아무렇지도 않게 대답했어요.

"조조가 언제 올지도 모르는데 일주일이라뇨. 삼 일만 주십시오."

주유는 그 말에 속으로 쾌재를 불렀어요. 일주일도 힘든데 삼 일이라니. 주유는 10만 개의 화살 중 하나라도 모자랄 시에는 공명을 군법을 어긴 죄로 사형시키겠다고 마음먹었어요.

그런데 정작 공명은 그 사실을 아는지 모르는지 이틀 동안 아무것도 하지 않고 놀기만 했어요. 그러더니 삼 일째 되는 날, 강가에 짙은 안개가 차오르자 공명은 명령을 내렸죠.

"작고 빠른 배를 모아, 그 위에 짚단을 가득 채우거라."

그러더니 그 배들을 이끌고 조조군이 진을 치고 있는 반대편으로 향했어요. 조조군은 갑자기 배가 자신들 쪽으로 향해 오자 당황했어요. 안개가 심해 공격은 하지 못하고 계속해서 화살만 쏘아 댔어요. 조조군의 화살들은 모두 짚단에 박혔죠. 그러자 공명은 미소를 띠며 말했어요.

"조조에게 이렇게 화살을 많이 받았으니 이제 그만 돌아가자."

공명이 돌아와 짚단에 박힌 화살을 모으니 10만 개가 훨씬 넘었어요. 주유의 명령도 지키고 적 조조에게 화살을 빼앗으니 일석이조가 따로 없었죠. 주유는 조조군의 화살을 빼앗아 온 공명을 인정할 수 밖에 없었답니다.

<삼국지> 속 일석이조

자신을 죽이려고 억지 명령을 내린 주유의 콧대도 꺾어 버리고, 적인 조조에게서 10만 개나 넘는 화살까지 빼앗아 오다니. 정말 공명의 지혜는 대단해요. 이러한 상황은 돌 하나로 새 두 마리를 잡는 일석이조(一石二鳥)로 표현할 수 있어요. '한 가지 일로써 두 가지 이익을 얻는다.'는 뜻의 또다른 사자성어에는 일거양득(一擧兩得)이 있어요.

고전 깊이 읽기

 ### 뛰는 주유 위에 나는 제갈공명

공명과 주유는 양자강을 건너 내려오는 조조군을 물리치기 위해서는 불로 배를 태워 버려야 한다고 결론을 내렸어요. 그런데 막상 전쟁이 시작되자 주유에게 큰 고민이 생겼어요. 때는 겨울, 바람이 모두 북서풍으로만 불고 있었던 거죠.

'남쪽으로 내려오는 조조군의 배를 태워 버리려면 동남풍이 불어야 한다. 지금처럼 북서풍이 분다면 오히려 우리 병사들이 그 불에 타 죽을 것이다……'

주유는 자신이 세운 계략이 실패할 위기에 처하자 답답해 어쩔 줄을 몰랐어요. 그 모습을 본 공명이 주유에게 찾아가 이야기를 하죠.

"제가 배운 도술 중에는 바람의 방향을 바꾸는 것도 있습니다. 언덕 위에 제단을 쌓아 주십시오. 제가 거기서 기도를 올려 동남풍을 불러오겠습니다."

주유는 그 말을 믿을 수 없었지만, 공명이 하도 자신 있게 이야기를 하자 언덕 위에 제단을 쌓아 주었어요. 공명은 올라가 기도를 올렸죠. 그런데 이럴 수가! 공명이 기도를 올리자마자 정말로 동남풍이 불기 시작하는 거예요!

'이럴 수가! 정말 제갈공명은 바람의 방향까지 바꿀 줄 아는 능력을 지녔단 말인가. 안 되겠다. 저런 이가 유비의 밑에 있다면 분명 우리에게 큰 위협이 될 것이다. 지금이라도 죽여 버려야지.'

하지만 공명은 주유의 계획을 눈치채고는 이미 도망쳐 버렸죠.

사실 제갈공명은 겨울철에도 일정한 시기에 맞춰 동남풍이 분다는 걸 알고, 자신의 능력을 보여 주기 위해 그런 이야기를 한 거예요. 주유의 기를 죽이고, 자신의 능력까지 보여 주다니, 이것 또한 일석이조(一石二鳥) 아니겠어요?

《삼국유사》 속 일(一) 장(場) 춘(春) 몽(夢)

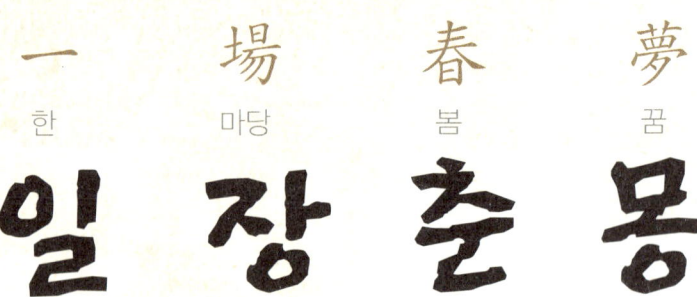

一 場 春 夢
한 마당 봄 꿈

일장춘몽

한바탕의 봄꿈. 헛되고 덧없는 일을 뜻한다.

 ## 조신의 기나긴 꿈

옛날 신라의 '세달사'라는 절에 조신이라는 스님이 살고 있었어요. 어느 날, 조신이 절에 있는 농장을 돌보는데 주변이 시끌벅적해졌어요. 바로 고을 태수의 화려한 행차가 지나가고 있었거든요. 조신도 호기심이 생겨 구경을 나섰어요. 그런데 화려한 꽃가마가 조신의 눈에 띄었어요.

그때 꽃가마의 창이 열리며 태수 따님의 모습이 드러났어요. 순간 조신은 깜짝 놀랐어요.

'내 생전 저렇게 아름다운 여인은 처음 봤어!'

스님은 결혼하지 않고 홀로 지내며 도를 닦는 게 일이에요. 하지만 조신은 이미 그런 생각을 할 정신이 없었어요. 그는 관음보살상을 보며 기도를 올렸어요.

'관음보살님, 제발 제가 그 여인과 결혼할 수 있도록 해 주십시오.'

그렇게 며칠이나 시간이 흘렀을까, 태수 따님이 다른 남자와 혼인을 올렸다는 날벼락 같은 소식이 들려왔어요.

충격에 드러누운 조신은 태수 따님을 그리워하고 자신의 소원을 들어 주지 않은 관음보살을 원망하며 펑펑 눈물을 흘렸어요. 그렇게 한참을 울던 조신은 지쳐서 스르르 잠이 들었어요.

그런데 그때 갑자기 누가 조신을 흔들어 깨웠어요. 눈을 뜬 조신은 깜짝 놀랐어요. 태수 따님이 바로 앞에 있는 게 아니겠어요.

"저는 그날 행차 중에 스님을 뵙고 첫눈에 반했습니다. 그래서 스님과 결혼하겠다고 부모님께 말씀을 드렸어요. 하지만 부모님은 제 말을 들어주시기는커녕, 절 다른 남자에게 시집보내려 하셨어요. 그래서 이렇게 도망을 쳐서 스님께 온 것입니다."

그 말을 들은 조신은 세상을 다 가진 것 같은 기쁨을 느꼈어요. 조신은 곧바로 일어나서는 태수 따님과 함께 아무도 자신들을 알지 못하는 산골 마을로 도망쳤어요. 그리고 그곳에서 결혼식을 올리고, 아들딸 다섯을 두었어요.

하지만 조신과 부인의 생활은 힘들기 이를 데 없었답니다. 둘 다 돈 버는 일이라고는 해본 적이 없는 터라, 아들딸을 이끌고 구걸을 해서 겨우 먹고 살았어요. 그 와중에 큰아들이 배가 고파 죽는 슬픈 일까지 일어났지요. 그러자 부인이 조신에게 말했어요.

"우리가 처음 만났을 때, 얼마나 행복했는지 기억하세요? 하지만 이제는 너무 슬프기만 해요. 차라리 헤어져서 사는 게 나을지도 몰라요."

그 말을 들은 조신은 차라리 다행이라는 생각이 들었어요. 그래서 조신과 부인은 각각 두 아이를 데리고 헤어졌어요. 조신은 두 아이의 손을 잡고 걸으

며 앞으로 뭘 먹고 살지 고민했어요. 그런데 갑자기 이상한 일이 벌어졌어요. 조신의 손을 잡았던 두 아이가 사라지면서 순간 주변이 깜깜해지는 게 아니겠어요?

조신은 벌떡 일어나 주변을 둘러보았어요. 그런데 그곳은 바로 자신이 소원을 빌던 불당 안이었어요. 어느새 밖에서는 동이 터왔고, 꿈속에서 얼마나 괴로워했는지 조신의 수염이 하얗게 변해 있었어요. 조신은 자신을 지긋이 바라보는 관음보살의 눈을 보고는 인생이 한낱 일장춘몽이라는 사실을 깨달았어요. 부처님이 자신을 깨닫게 하기 위해 꿈을 꾸게 한 것이라는 걸요.

그 후로 조신은 다른 곳에 한눈팔지 않고 부처님의 가르침을 받들며 열심히 살았다고 해요.

<삼국유사> 속 일 장 춘 몽

조신이 눈을 떠서 자신이 겪은 모든 고통들이 꿈인 걸 알았을 때 얼마나 허무했을까요? 이처럼 꿈은 잠에서 깨어나는 순간 모두 사라져 버리는 신기루 같은 존재예요. 그래서 헛된 소망을 '꿈'에 빗대 일장춘몽(一場春夢)이라고 말하는 거예요.

고전 깊이 읽기

 ## 일장춘몽과 비슷한 말, 남가일몽

옛날 중국에도 조신 같은 경험을 한 사람이 있었어요. 당나라 때 살았던 순우분이라는 사람이에요. 어느 날, 순우분은 밖에서 술을 마시고 취해 집으로 돌아가다 나무에 기대 잠이 들었어요. 그런데 갑자기 두 사람의 관리가 그를 찾아와 흔들어 깨웠어요. 순우분이 눈을 뜨니, 관리들이 무릎을 꿇으며 말했어요.

"우리는 괴안국이라는 나라에서 온 사신들입니다. 괴안국의 왕께서 순우분 님을 사위로 맞이하고 싶어 하십니다. 저희와 함께 가시죠."

얼마나 지났을까. 순우분이 가마에서 내리니 으리으리한 괴안국의 성이 보였어요. 괴안국의 왕과 공주가 밖에 나와 순우분을 기다리고 있었죠. 아름다운 공주의 모습을 본 순우분은 이게 웬 횡재냐 싶어서 얼굴에서 싱글벙글 미소가 떠나지 않았어요.

순우분은 공주와 결혼을 한 후, 남가군의 태수가 되어 20년 동안 그곳에서 아들딸을 낳으며 행복하게 지냈어요. 그런데 갑자기 이웃 나라가 괴안국을 쳐들어왔어요. 강력한 이웃 나라 군사들의 공격에 괴안국은 무너져 내렸고, 그 와중에 순우분의 부인도 병들어 죽고 말았어요.

그때, 순우분의 눈이 떠졌어요. 주변을 둘러본 순우분은 자신이 긴 꿈을 꿨다는 것을 알았죠. 순우분이 자신이 잠든 나무 아래를 파 보니 거대한 개미집이 나타났어요. 그리고 남쪽 나뭇가지 아래에는 작은 개미굴이 있었어요. 거대한 개미집이 바로 괴안국이었고, 작은 개미굴이 남가군이었던 거예요. 그 이후 순우분은 부귀영화의 헛됨을 깨닫고 도를 닦다 조용히 숨을 거두었어요.

《아Q정전》 속 **자 포 자 기**

自 暴 自 棄
스스로 사나울 스스로 버릴

자 포 자 기

스스로 자신을 학대하고 돌보지 않는 것으로,
말이나 행동을 멋대로 하는 것을 말함.

 아Q의 정신승리법

중국 작은 마을에 아Q라는 인물이 살고 있었어요. 그는 남의 농사일을 대신해 주며 하루하루 먹고 살았죠. 마을 사람들 모두 일이 급할 때는 아Q를 찾았지만, 일이 없을 때는 그를 신경도 쓰지 않았죠. 사실 마을 사람들 모두 아Q가 누구인지 알지 못했어요. 그는 어느 순간 마을로 흘러 들어와, 집도 없이 마을 구석의 빈 사당에서 살았죠. 그의 이름도 알지 못해 '아무개'라는 뜻의 아Q로 불렀어요.

아Q는 마을의 하층민이었지만, 언제나 당당했어요. 마을 사람과 시비가 붙어 싸울 때면 늘 큰소리를 쳤죠.

"네놈이 뭔데 나를 무시해! 내가 예전에는 얼마나 잘 살았는지 알아? 넌 상대도 안 됐다고!"

사실 아Q는 마을 사람들 모두를 무시했어요. 모두 자신과는 비교도 안 되게 천박한 사람이라는 것이었죠. 아Q의 말만 들으면, 그는 예전에는 '학식도 높고 돈도 많았으며 못 하는 게 없는' 완벽한 인간이었죠. 그런 완벽한 인간이 왜 지금은 남의 집 일이나 도와주고 하루 벌어먹고 사는 사람이 되었는지는 모르겠지만 말이에요.

그런 아Q에게도 딱 하나 숨기고 싶은 게 있었어요. 바로 자기가 대머리라는 사실이었죠. 그는 '대머리'란 말을 너무 싫어한 나머지 '반짝거린다', '빛난다' 라는 말도 싫어했어요. 아Q의 그런 모습은 마을 불량배들에게 좋은 놀림감이 되었죠.

마을 불량배들은 거리를 걷다 아Q를 만나면 그의 대머리를 때리며 놀려댔어요.

"누가 여기다 등을 달아놨어! 왜 이렇게 반짝거려!"

아Q는 처음에는 그런 불량배들에게 불같이 화를 내며 덤벼들었죠. 하지만 늘 두드려 맞기만 했어요. 몇 번을 그렇게 당하자, 아Q는 대응 방법을 바꾸었죠.

그때부터 아Q는 불량배들에게 두드려 맞을 때마다 자포자기한 채 생각했답니다.

'너희들은 지금 벌레를 때리고 있는 거야. 난 벌레야, 벌레라고!'

이렇게 생각하면 불량배들이 지금 괴롭히고 있는 건 아무 생각 없는 벌레일 뿐이니, 오히려 불량배들이 멍청한 게 되는 거죠. 아Q는 자신이 자신을 벌레라고 생각하는 '첫 번째 사람'이라고 믿었어요. '첫 번째'라는 건 일등이고, 일등인 건 어디서든 훌륭한 것이니, 자신은 훌륭한 사람이 되는 것이죠. 이게 바로 아Q의 정신승리법이에요.

이런 정신승리법으로 어딜 가든 자기 마음대로 살았던 아Q는 혁명이 일어나자 자기 세상이 찾아올 걸로 믿고 즐거워하죠. 하지만 정작 혁명도 해 보지 못하고, 폭도로 몰려 형장의 이슬로 사라져요.

<아Q정전> 속 자 포 자 기

아Q는 정말 정신승리법으로 승리한 것일까요? 자신을 스스로 벌레라고 생각하는 게 어떻게 승리겠어요. 스스로 자신을 학대하며 자포자기(自暴自棄)한 심정으로 그렇게 말하는 아Q의 모습을 생각하니, 그가 불쌍해 보이기까지 해요.

고전 깊이 읽기

 자포자기한 중국 서민들을 향한 일침

〈아Q정전〉의 작가 루쉰은 원래 의사가 되려고 했어요. 그래서 일본으로 유학을 떠났죠. 그런데 공부를 하던 중 충격적인 사진 한 장을 보게 돼요. 그건 자신의 동포가 사형을 당하는 모습을 보며 웃고 있는 중국인들을 찍은 사진이었죠. 그 순간 루쉰은 중국인들을 일깨워야 한다는 사명감을 띠고 소설가가 되기로 결심해요.

하루 벌어 하루 먹고 사는 아Q는 독특한 정신세계를 가지고 있어요. 자신이 당하는 상황에도 불구하고 자신은 진 게 아니라고 믿는 모습, 현실의 비참한 상황을 바꾸려 하기보다는 그 안에서 자기만족을 찾으려고 하는 노예근성과도 같은 모습을 보이지요. 루쉰은 '아Q'라는 캐릭터에 당시 중국인들을 반영했어요. 1911년 무기력한 청나라를 몰아내자는 '신해혁명'이 일어나요. 그 결과 청나라는 붕괴되고, 수많은 지식인들은 새로운 중국을 세울 수 있다는 희망에 부풀어요. 하지만 곧 군대가 정부를 장악하며, 신해혁명은 또 다른 독재 정부를 세우는 결과를 낳아요. 그 모습을 보며 루쉰은 절망하죠. 신해혁명이 성공하지 못한 이유가 중국인들의 정신에 있다고 생각했어요. 그래서 〈아Q정전〉을 쓰게 되었죠. 루쉰이 중국 말로 '아무개'라는 뜻의 '아Q'를 주인공 이름으로 쓴 것도, 아Q가 어느 특정한 인물이 아닌 중국인을 대표하는 인물이라고 생각했기 때문이에요. 그래서 당시 잡지에 연재되던 〈아Q정전〉을 읽던 중국인들은, 아Q가 자신과 닮았다고 생각했죠.

우리는 어떤가요? 우리 앞의 현실을 바꿔 보려는 마음을 가지고 있나요? 만약 그렇지 않고 거기에 만족해 산다면, 우리 역시 또 다른 아Q가 될 수 있다는 사실을 명심해야 해요.

<아라비안나이트> 속 적반하장

賊 反 荷 杖
도둑 되돌릴 멜 몽둥이

적 반 하 장

도둑이 도리어 매를 든다는 뜻으로,
잘못한 사람이 오히려 잘한 사람을 나무라는 경우.

 생명의 은인을 죽이려 한 마신

아주 먼 옛날, 물고기를 잡아 하루하루 먹고 살던 어부가 있었어요. 그 어부는 언제나 고기잡이를 나가기 전 알라에게 기도를 드렸답니다.
"알라시여, 많은 고기를 잡아 저와 가족이 배불리 먹게 해 주십시오."
그날도 어부는 기도를 드리고 배를 타고 먼 바다로 나갔어요. 그리고 고기가 많이 잡히기를 기원하며 그물을 던졌죠. 그런데 그날따라 아무리 그물을 던져도 고기 한 마리 올라오지 않는 게 아니겠어요. 시간은 어느새 저녁이 되어 해가 뉘엿뉘엿 서쪽 바다로 넘어가고 있었어요. 이제 어부에게는 마지막 그물을 던질 만한 시간 밖에 남지 않았죠. 어부는 신에게 간절히 기도하며 그물을 던졌어요. 그러자 뭔가 묵직한 게 그물에 걸려들었어요!

'드디어 신이 내 기도를 들어주셨구나!'

어부는 끙끙거리며 열심히 그물을 건져 올렸어요. 그런데 그물에 딸려 올라온 건 물고기가 아니라 낡은 항아리였어요. 어부는 '혹시 안에 보물이 든게 아닐까?'라는 기대를 하고 항아리를 열었어요. 그런데 갑자기 뭉게뭉게 연기가 피어오르며 자신 앞에 거대한 마신이 나타나는 게 아니겠어요!

마신은 그대로 얼어붙은 어부를 인자한 눈으로 바라보았어요.

"나는 죄를 짓고 솔로몬 왕에게 붙잡혀 지금껏 상자에 갇혀 있던 마신이다. 네가 날 구해 줬구나. 너에게 큰 상을 내리겠다."

정신이 없던 어부는 '상'이란 말에 귀가 쫑긋해졌어요. 마신은 말을 이었죠.

"그 상은 바로, 널 아프지 않게 죽이는 것이다."

그 말에 깜짝 놀란 어부는 두려움도 잊고 마신에게 따졌어요.

"죽이는 게 어떻게 상이란 말입니까!"

마신은 무서운 표정을 지으며 말했어요.

"나는 항아리에 갇혀 있는 동안 날 구해 주는 사람에 대한 상을 끝없이 생각했다. 처음 백 년 동안은 세상의 왕이 되게 해 주겠다고 생각했지. 다음 백 년 동안은 세상의 모든 보물이 있는 장소를 알려 주겠다고 생각했어. 다음 백 년 동안은 어떤 것이든 소원 세 가지를 들어주겠다고 생각했어. 하지만 아무도 나타나지 않았어! 그래서 나는 결심했다. 날 구해 주는 사람은 바로 고통 없이 죽이겠다고."

구해 준 댓가가 죽음이라니, 어부는 너무 황당하고 억울해 아무 말도 할 수 없었어요. 그런데 그때 어부에게 묘수가 떠올랐죠. 그는 조심스레 말했어요.

"알겠습니다. 어쩔 수 없죠. 그런데 죽기 전에 하나 궁금한 게 있습니다. 마신께서는 이렇게 덩치가 큰데 어떻게 이 작은 항아리 속에 들어가실 수 있었던 겁니까?"

"흥, 내 능력을 모르는구나. 나는 몸을 작게도 크게도 만들 수 있거든. 어디 한 번 보여 주마."

마신은 자신의 몸을 작게 해 항아리 안으로 쏙 들어갔어요. 어부는 그때를 놓치지 않고 항아리 뚜껑을 확 닫아 버렸죠. 마신은 그제야 자신이 적반하장의 행동을 했음을 깨달았지만, 이미 때는 늦은 뒤였어요.

〈아라비안나이트〉 속 적 반 하 장

몇백 년 만에 좁은 항아리에서 풀려나자마자 다시 갇히다니! 하지만 이건 마신의 잘못이 커요. 자신을 풀어 준 어부를 죽이려 하다니, 이런 적반하장(賊反荷杖)이 어디 있어요? 그러니 마음을 곱게 써야죠.

고전 깊이 읽기

'어부와 마신'과 '알라딘의 요술 램프'

'어부와 마신'을 읽고 생각나는 이야기가 있지 않나요? 바로 '알라딘의 요술 램프'예요. 특히 마신이 세 가지 소원을 들어주려 했다는 건 정말 비슷하죠. 알라딘의 요술 램프 안에 사는 지니 역시 알라의 명을 어기고 램프 안에 갇힌 마신이었거든요. '알라딘의 요술 램프' 역시 〈아라비안나이트〉안에 나오는 이야기인데, 왜 이렇게 이 이야기가 비슷하게 느껴지는 걸까요?

그건 〈아라비안나이트〉 속 이야기가 입에서 입으로 전해지는 '구전설화'이기 때문이에요. 당시 기나긴 사막을 지나던 상인들은 밤이 되면 할 일이 없었죠. 그래서 재미있는 이야기를 해 주는 사람이 가장 인기가 좋았어요. 그들은 하나의 이야기를 가지고 몇 번이고 반복해서 말했어요. 그러면서 이야기는 사람들의 반응에 따라 지루한 부분은 축소되고, 재미있는 부분은 확대되었죠. 그리고 그 이야기를 들은 사람은 사막을 건너며 또 다른 사람에게 자기 방식대로 이야기를 들려주었고요. 그러면서 하나의 뿌리에서 나온 이야기가 여러 가지 방식으로 만들어지기도 했죠. '어부와 마신'과 '알라딘의 요술 램프'도 그런 구전 방식을 통해 변형된 이야기 중 하나일 거예요. 우리나라도 하나의 설화가 각 지역마다 다르게 퍼져 있는 경우가 있거든요.

이처럼 이야기는 멈춰 있는 게 아니라 생명을 가지고 커 나가요. 여러분도 이 책에서 읽은 이야기를 여러분 나름의 방식으로 바꿔 친구들에게 들려주세요. 여러분이 바꾼 이야기가 훨씬 더 재미있을 수도 있답니다.

《장자》 속 조삼모사

朝 三 暮 四
아침 석 저물 넉

조삼모사

눈앞의 차이에 신경 쓰다
결과가 같은 것을 모르는 어리석음을 뜻하는 말.

 ## 원숭이와 협상을 한 저공

　옛날 송나라에 저공이라는 사람이 살고 있었어요. 이름인 저(狙)가 원숭이란 뜻일 정도로, 그는 원숭이를 정말 좋아했어요. 그래서 집에도 백여 마리나 되는 원숭이를 키웠죠. 저공이 원숭이를 좋아하는 만큼, 원숭이 역시 저공을 좋아했어요.

　그런데 저공이 워낙 많은 원숭이를 기르다 보니, 시간이 흐를수록 먹이를 대는 일이 어려워졌어요. 남들은 그냥 원숭이를 내다 팔라고 이야기했지만, 저공은 절대 그럴 수 없었어요. 그래서 어쩔 수 없이 원숭이에게 주는 먹이를 줄이기로 마음먹었죠. 열심히 계산을 해 보니 원숭이 한 마리당 하루에 도토리 7개를 주면 딱 맞을 것 같았어요.

저공은 원숭이들에게 가서 물어보았어요.

"내가 형편이 어려워서 그런데 앞으로 너희들에게 아침에는 도토리 세 개, 저녁에는 도토리 네 개를 주려고 하는데 괜찮겠느냐?"

그 말을 들은 원숭이들은 모두 화를 냈어요. 원숭이들은 더 많이 먹고 싶었기 때문이었죠.

저공은 다시 한 번 물어보았어요.

"그렇다면 아침에 도토리 네 개, 저녁에 도토리 세 개는 괜찮겠느냐?"

그러자 원숭이들은 모두 만족했어요. 저공 역시 만족했죠.

어차피 똑같은 도토리를 받게 되는데 그것을 모르는 원숭이들의 어리석음을 '조삼모사'라고 해요.

그런데 과연 저공은 원숭이를 속인 걸까요? 저공은 가족이 먹을 음식까지 퍼다 원숭이에게 줄 정도로 원숭이를 사랑했어요. 그걸 안 원숭이들도 저공을 따랐고, 그의 마음속 생각까지 읽을 정도였죠.

원숭이들은 자신들이 하루에 받을 수 있는 도토리의 양이 7개밖에 안 된다는 걸 알고 있었을지도 몰라요. 단지 그걸 받는 방식을 골랐던 것이죠. 저공 역시 원숭이가 아침밥을 더 먹길 원한다는 걸 알고 다른 제안을 한 것이에요. 만약 '아침에 네 개, 저녁에 세 개'도 원숭이들이 싫어했다면, 저공은 또 다른 제안을 했을 거예요. '아침에 다섯 개, 저녁에 두 개' 같이 말이에요.

형편이 어려운데도 불구하고 원숭이들의 의견을 최대한 받아들이려 했던 저공, 한정된 수량 내에서도 자신들의 의견을 최대한 알리려 한 원숭이들. 과연 그 주인에 그 원숭이라고나 할까요!

〈장자〉 속 조 삼 모 사

원래 우리가 알고 있는 조삼모사(朝三暮四)의 이야기가 다른 식으로 해석될 수 있다니, 놀랍지 않나요? 이야기는 읽는 사람에 따라 다르게 보일 수 있어요. 그러니 여러분들도 눈을 똑바로 뜨고 이야기를 읽어 보세요!

고전 깊이 읽기

 도(道)를 알기 위해 평생을 산 학자, 장자

　장자는 노자의 뒤를 이어 도가의 발전을 이끈 중요한 사상가예요.
　장자는 특히 도(道)를 찾는 일에 평생을 바쳤어요. 하지만 그 자신이 도를 말로 설명하거나 배울 수 없다고 말했죠. 또한 장자는 시작도 끝도 없고 한계나 경계도 없는 것이 도(道)라고 말했어요. 그렇다면 그런 도(道)는 대체 어디에 있는 걸까요?
　세상의 귀한 것들뿐만 아니라 비천한 모든 것에도 도가 있다는 것, 이것이 바로 장자의 생각이었어요. 깨진 기와나 잡초, 심지어는 오줌이나 똥에도 도가 있다고 장자는 말했어요.
　장자는 세상의 규칙에 매이는 걸 싫어했기에 관직에도 오르지 않았고, 남의 존경도 바라지 않았기에 자신의 옷차림에도 신경 쓰지 않았어요.
　장자가 나이가 들어 죽을 때가 다가오자, 제자들을 불러 장례식에 어떠한 겉치레도 하지 말라고 말했어요. 제자들은 매장을 소홀히 했다가는 까마귀와 솔개의 밥이 될 지도 모른다며 장자를 말렸어요. 그러자 장자는 이렇게 답했어요.
　"땅 위에 있으면 까마귀와 솔개의 밥이 되지만, 땅속에 있으면 벌레와 개미의 밥이 된다. 날 묻는다면, 까마귀와 솔개의 밥을 빼앗아 벌레와 개미에게 밥을 주는 것 아니겠느냐. 그럼 까마귀와 솔개에게는 불공평한 일 아니냐."
　어찌 보면 황당하지만, 세상 모든 것을 공평하게 생각했던 장자, 그는 진실로 도(道)를 찾기 위해 평생을 바친 사상가였어요.

<사기> 속 죽 마 고 우

竹　　馬　　故　　友
대나무　말　연고　벗

죽마고우

대나무로 만든 장난감 말을 타고 함께 지낸 친구라는 뜻으로,
어릴 적 부터 알고 지낸 절친한 친구를 이르는 말.

 ## 평생 서로를 믿고 의지한 두 친구

중국의 역사서 <사기>에는 춘추 시대 제나라 사람인 관중과 포숙아에 대한 이야기가 나와요.

어렸을 적부터 가장 친한 친구 사이였던 둘은 언제나 함께 다니며 우정을 쌓았죠. 포숙아는 일찍부터 관중의 능력을 알고 그를 아꼈고, 관중은 자신을 알아주는 유일한 인물인 포숙아에 대한 고마움을 갖고 있었어요.

그 둘이 청년이 되었을 때, 함께 장사를 한 일이 있었어요. 그런데 관중은 종종 더 많은 돈을 가지고 갔죠. 다른 사람들이 그 사실을 알고 포숙아에게 말했어요.

"이보게, 포숙아. 관중이 자네를 속이고 있네. 어찌 그런 사람을 친구로 두

는가?"

하지만 포숙아는 그저 웃기만 하고, 관중에게 아무 말도 하지 않았어요. 왜냐하면 ==죽마고우==인 포숙아는 관중의 집이 가난해 힘든 걸 알고 있었거든요.

또 관중이 나라의 관리가 되어 왕을 모신 적이 있었어요. 하지만 그는 계속해서 큰 실수를 저질러 세 번이나 벼슬자리에서 쫓겨나 버렸죠. 그 모습을 본 사람들은 관중을 비웃었어요.

"저런 바보 같으니. 포숙아는 저런 바보와 계속 친구를 할 셈인가?"

하지만 포숙아는 그저 웃기만 하고, 관중을 따뜻하게 위로해 주었죠. 포숙아는 관중이 큰 능력을 가지고 있지만, 때를 잘못 만났다고 생각했으니까요.

또 나라에 전쟁이 벌어지자, 모든 청년들이 군대로 가 목숨을 걸고 나라를 지켰죠. 그런데 관중은 전쟁터에서 홀로 도망쳐 사람들의 비웃음을 샀어요.

하지만 포숙아는 관중과 계속해서 돈독한 우정을 나눴어요. 왜냐하면 관중이 목숨이 아까워서 그런 게 아니라, 홀로 계신 노모를 걱정해서 도망쳤다는 사실을 알고 있었거든요.

그러던 중, 관중과 포숙아가 각각 다른 왕을 모신 적이 있었어요. 두 왕 사이에 전쟁이 벌어졌고, 관중이 속한 왕이 패배해 버렸죠. 관중은 감옥에 갇혀 죽을 날만을 기다렸어요.

그때 포숙아가 자신의 왕 앞에 엎드려 간청했어요.

"관중이란 인물을 재상으로 임명하십시오. 그는 분명 큰일을 할 수 있는 인물입니다."

포숙아의 간곡한 청에, 결국 제나라의 왕은 관중을 재상으로 임명했어요. 당시 재상은 왕을 대신해 나라를 이끄는 가장 큰 직책이었죠. 이후 관중은 자신의 능력을 발휘해 제나라를 부강하게 이끌었어요.

훗날, 관중은 포숙아를 떠올리며 이렇게 말했죠.

"나를 낳아 준 사람은 내 어머니지만, 나를 알아준 유일한 사람은 죽마고우 포숙아이다."

〈사기〉 속 죽 마 고 우

아, 나도 포숙아 같은 친구가 있었으면 좋겠어요. 나의 모든 것을 알고, 이해해 주는 죽마고우(竹馬故友)라니. 죽마고우와 비슷한 사자성어로는 관중과 포숙아 이야기에서 유래한 관포지교(管鮑之交)가 있답니다.

고전 깊이 읽기

 자신의 마음을 알아주는 친구, 지음

　중국의 또 다른 고전 <열자>를 보면, 관중과 포숙아에 비견될 만한 우정을 보인 두 친구가 나와요. 바로 백아와 종자기이죠.

　백아는 당시 중국에서 거문고를 가장 잘 연주하는 사람이었어요. 현란한 기술뿐 아니라 자신의 감정을 그대로 거문고 가락에 담아 표현하는 능력이 있었죠. 하지만 백아는 늘 불만에 차 있었어요. 자신의 거문고 가락에 담긴 감정을 이해하는 사람이 아무도 없었기 때문이죠.

　백아는 답답한 마음에 거문고를 메고 산으로 올라가, 혼자 연주를 시작했어요. 그런데 그때 그 소리에 홀리듯 다가온 이가 한 명 있었어요. 바로 종자기였죠.

　"거참, 산이 어쩌면 그리도 웅장하고도 높은지, 참으로 멋있습니다."

　그 말에 백아는 깜짝 놀랐어요. 방금 자신이 웅장한 산을 떠올리며 연주를 했기 때문이었죠. 백아는 다시 한 번 거문고를 연주했어요. 이번에는 강을 떠올리며 연주를 했죠. 연주를 듣던 종자기는 미소를 지었어요.

　"드넓은 강물이 힘차게 흐르는군요."

　그 순간, 백아는 알게 되었어요. 이 세상에 자신의 연주를 알아줄 사람이 생겼다는 것을 말이에요.

　이때 생겨난 말이 바로 지음(知音), 즉 '소리를 알다'라는 말이에요. 아무 말 하지 않아도 서로의 마음을 알 수 있는 진실한 친구 사이를 뜻하는 말이죠.

　전해지는 이야기에 따르면 백아는 종자기가 죽었다는 소식을 듣고는, 거문고를 부순 후 다시는 연주를 하지 않았다고 해요.

〈한서〉 속 천고마비

天 高 馬 肥
하늘 높을 말 살찔

천고마비

하늘은 높고 말이 살찐다는 뜻으로
하늘이 맑고 오곡백과가 무르익는 가을을 일컫는 말.

 ## 천고마비의 진짜 의미

'독서의 계절', '수확의 계절'은 바로 가을을 일컫는 말이에요. 더운 여름을 지나 책 읽기 좋은 선선한 날씨에 온갖 과일과 곡식들을 수확하는 가을은 참으로 풍요로운 계절이죠.

아, 그러고 보니 가을을 일컫는 말이 또 하나 있네요. 바로 '천고마비(天高馬肥)의 계절'이죠. '하늘은 높고 말이 살찐다.'라는 뜻의 천고마비(天高馬肥)는 가을의 풍요로움을 나타내는 뜻으로 쓰여요.

그런데 원래 이 말이 부정적인 뜻으로 쓰였다는 거 아나요?

천고마비의 원 말은 '추고새마비(秋高塞馬肥) – 가을이 깊어가니 변방의 말이 살찐다.'였어요. 〈한서〉 '흉노전'에 나오는 말이었죠. 중국 북방의 오랑캐

인 흉노족은 봄부터 여름까지 말에 풀을 먹여 말을 살찌웠어요. 그리고 가을이 되면 살찐 말을 타고 중국으로 쳐들어왔죠. 겨울에 먹을 식량을 빼앗기 위해서였어요.

그러니 중국 북방에 사는 사람들은 가을만 되면 흉노족이 쳐들어올 때가 되었으니 이를 경계하라는 의미로 '추고새마비'란 말을 썼어요.

이 말이 긍정적인 의미로 쓰인 건 당나라 초기의 시인이자 중국의 시성 두

보의 할아버지인 두심언의 시에서였다고 해요. 두심언은 시 안에서 당나라 군인들의 승리로 인해 평온해진 변방을 나타내는 시어로 '추고새마비'라는 말을 썼다고 해요.

이 말이 한국으로 들어오며 '천고마비'로 변형이 되며, 풍요로운 가을을 나타내는 말이 된 것이죠.

그렇다면 계절을 가리키는 고사성어로는 또 어떤 것들이 있을까요?

등화가친(燈火可親)이라는 말이 있어요. '등불과 친하게 지낼 만하다.'라는 뜻인데요. 옛날에 밤에 등불을 켤 일이 뭐가 있을까요? 바로 책 읽기죠. '등불과 친하게 지낼 만하다.'라는 말은 곧 '책을 읽기에 좋다.'라는 말과 같아요. 그러니 등화가친(燈火可親)은 책 읽기 좋은 계절인 가을을 가리키는 말이에요.

녹음방초(綠陰芳草)라는 말도 있죠. '나무가 푸르게 우거지고, 풀이 향기롭다.'라는 뜻인데요. 이 말을 들으면 딱 떠오르는 계절이 있지 않나요? 그래요, 녹음방초(綠陰芳草)는 바로 여름철을 가리키는 고사성어예요.

만화방창(萬化方暢)은 '온갖 생물들이 흐드러지게 자라난다.'라는 뜻으로, 봄을 가리키는 고사성어예요.

그리고 엄동설한(嚴冬雪寒)은 '눈 내리는 극심한 추위'라는 뜻으로 겨울을 나타내는 고사성어죠.

〈한서〉 속 천 고 마 비

계절을 알려주는 고사성어들이 이렇게 많은 줄 몰랐네요. 하지만 전 하늘은 높고 말이 살찌는 천고마비(天高馬肥)의 계절, 가을이 가장 마음에 들어요. 마음의 양식인 '책'을 통해 머리와 마음을 살찌울 수 있으니까요.

고전 깊이 읽기

 ## 대를 이어 서술한 역사서 〈한서〉

중국에서 가장 위대한 역사가를 말할 때 사마천을 꼽아요. 그는 중국이 처음 생긴 상고 시대부터 한나라 무제까지 기나긴 시대의 역사를 객관적인 시각으로 다룬, 중국 최초의 역사서이자 가장 중요한 역사서 〈사기(史記)〉를 집필했죠.

하지만 사마천만큼 중요한 역사가가 있으니, 그가 바로 후한의 역사가 반고예요. 반고의 아버지 반표는 〈사기〉가 무제 이후의 일을 기록하지 않았음을 안타까워하며, 자신이 직접 〈사기〉 이후의 역사를 집필하기로 마음먹어요. 반표는 직접 자료를 모아 〈사기〉 이후 한나라의 역사서를 쓰지만, 끝을 내지 못하고 숨을 거두고 말아요. 그 아들 반고가 아버지의 뒤를 이어 역사서를 쓰기 시작하죠. 그러다 "나라의 역사를 마음대로 고쳐 쓰고 있다."라는 혐의를 받고 옥에 갇혀요. 하지만 반고가 쓰던 글을 본 한나라의 왕 명제는 큰 감명을 받아요. 그래서 반고를 옥에서 풀어 줄 뿐 아니라, 난대령사(蘭臺令史)라는 직책까지 내리며 역사를 편찬하는 작업에 도움을 주죠.

그 후 반고는 더욱 노력해 〈한서〉를 집필해 1차 원고를 완성해요. 하지만 세부 사항을 정리하던 중 죽고 말죠. 결국 반고의 여동생 반소가 그 작업을 이어나갔고, 다시 마속이라는 신하가 보완하며 결국 〈한서〉가 완성되어요.

〈한서〉는 그 형식의 대부분을 〈사기〉에서 빌려왔지만, 단 하나 다른 점이 있어요. 〈사기〉가 중국 상고 시대부터 무제까지의 모든 역사를 다룬 것에 비해서, 〈한서〉는 한나라의 역사만 다루었죠. 이후 중국의 모든 역사서는 〈한서〉의 형식을 따라 만들어져요.

<그리스 로마 신화> 속 천 재 일 우

千 載 一 遇
일천 해 한 만날

천 재 일 우

천년에 한 번 만난다는 뜻으로,
좀처럼 만나기 어려운 좋은 기회를 이르는 말.

 하늘이 내린 기회를 놓친 아틀라스

티탄족과 님프 사이에서 나온 거인이자 프로메테우스의 형제인 거인 아틀라스는 엄청난 힘을 자랑했어요. 그래서 올림포스의 신들과 티탄족들이 싸울 때, 가장 앞장서서 신들과 싸웠죠.

하지만 결국 티탄족이 패하고 난 후, 아틀라스는 제우스에게 엄청난 벌을 받았어요.

바로 하늘을 떠받치고 있는 벌이었죠.

'대체 언제까지 하늘을 받치고만 있어야 할까. 너무 힘들다.'

아틀라스는 늘 자신의 신세를 한탄하며 벌이 끝나기만을 기다렸어요. 아무리 기다려도 하늘에서는 아무 소식이 없었죠. 아틀라스는 점점 지쳐갔어요.

아틀라스가 품고 있던 희망도 점점 절망으로 변해 갔어요. 하늘을 받친 채 아틀라스는 점점 굳어만 갔죠.

"아틀라스, 당신이 아틀라스입니까?"

아틀라스가 힘겹게 고개를 돌리자, 거기에는 건장한 젊은이가 서 있었어요. 그는 바로 헤라가 내리는 고난을 해치우며 신의 길로 다가서는 인간, 헤라클레스였어요.

그는 황금 사과를 찾는 열한 번째 고난을 수행 중이었어요. 세상 모든 것을 알고 있는 프로메테우스가 '황금 사과가 있는 곳을 알고 있는 건 내 형제 아틀라스 밖에 없다.'라고 한 말을 듣고, 아틀라스를 찾아온 것이었죠.

아틀라스는 헤라클레스의 자초지종을 듣고 고개를 끄덕였어요.

"내가 황금 사과가 있는 곳을 알고 있다는 말은 맞네. 그리고 황금 사과가 있는 곳으로 갈 수 있는 것도 나 밖에 없다네. 하지만 자네의 부탁을 들어주기 위해 자리를 비울 수도 없네."

그러자 헤라클레스는 자신이 잠시 하늘을 떠받치고 있을 테니 황금 사과를 구해 달라고 했어요.

헤라클레스가 하늘을 떠받치자, 아틀라스는 그야말로 홀가분한 기분을 느낄 수 있었죠.

아틀라스는 한달음에 황금 사과를 따서 헤라클레스에게 돌아가려 했죠. 그런데 그때 아틀라스의 머릿속을 스치는 생각이 있었어요.

'이대로 내가 헤라클레스를 버리고 간다면, 나는 더 이상 하늘을 떠받치지 않아도 되는 것이 아닌가.'

그는 신이 나서 헤라클레스에게 가서 말했어요.

"나보다 하늘을 잘 떠받치는 것 같군. 앞으로도 나 대신 하늘을 잘 떠받치게나."

헤라클레스는 애써 담담하게 말했어요.

"그러시죠. 그런데 제가 자세가 안 좋아서 어깨가 너무 아프네요. 자세를 다시 잡게 잠시만 하늘을 떠받쳐 주시겠어요?"

아틀라스가 알겠다며 하늘을 떠받치는 순간, 헤라클레스는 얼른 황금 사과를 들고 도망쳐 버렸어요. 아틀라스는 ==천재일우==의 기회를 놓쳤지만, 이미 때는 늦은 뒤였어요.

<그리스 로마 신화> 속 천 재 일 우

아틀라스가 하늘을 떠받치는 벌을 피할 천재일우(千載一遇)의 기회를 놓쳤네요. 하지만 죄를 지은 것도 아틀라스, 벌을 받은 것도 아틀라스였으니 어쩔 수 없는 일이죠. 죄에 대한 벌은 받아야 하니까요.

고전 깊이 읽기

산이 되어 버린 아틀라스

　아프리카 북서부에 가면 아틀라스 산맥이란 곳이 있어요. 그리스 로마 신화에 따르면 거인 아틀라스가 산이 되면서 아틀라스 산맥이 생긴 것이라고 해요. 그리고 우리는 여기서 그리스 로마 신화의 오류를 확인할 수 있어요.

　메두사의 목을 벤 영웅 페르세우스는 페가수스를 타고 하늘을 날다 어느 왕국에 도착해요. 그 왕국의 왕은 바로 아틀라스예요. 그의 왕국에는 세상에서 가장 귀한 보물이 있었는데, 바로 황금 사과가 열리는 나무였어요.

　아틀라스는 페르세우스를 매몰차게 쫓아내려 해요. '제우스의 아들이 나타나 왕국의 보물인 황금 사과를 가져갈 것이다.'라는 예언 때문이죠. 그 사실을 알지 못한 페르세우스는 화가 잔뜩 났어요. 페르세우스는 메두사의 머리를 꺼내 아틀라스에게 보여 주었어요. 그 순간 아틀라스는 굳어 버렸는데 그게 바로 아틀라스 산맥이 된 것이죠.

　그런데 그리스 로마 신화를 시간 순으로 나열하면, 페르세우스의 모험은 헤라클레스의 등장보다 앞이에요. 그렇다면 헤라클레스가 아틀라스를 만나러 갔을 때, 그는 이미 산맥이 되어 있어야겠지요? 그런데 그렇지 않았어요. 게다가 페르세우스의 모험에서 아틀라스는 왕국의 왕이지만, 헤라클레스의 고난에서는 벌을 받는 죄인으로 나오죠.

　이처럼 아틀라스에 대한 이야기가 차이가 나는 이유는 신화를 만든 사람이 여러 명이고, 그 기록이 문서로 전해지지 않고 이야기로 전해지기 때문이에요.

<여씨춘추> 속 청출어람

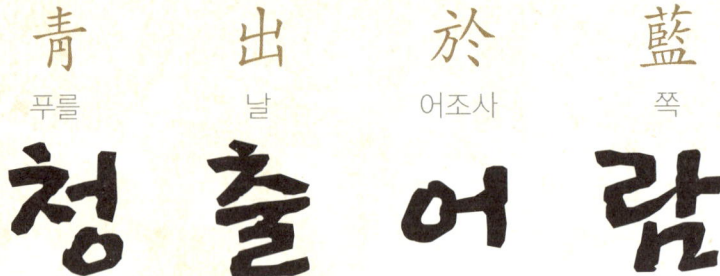

青 出 於 藍
푸를 날 어조사 쪽

청출어람

쪽에서 나온 푸른색이 쪽빛보다 푸르다는 뜻으로,
제자가 스승보다 더 나음을 이르는 말.

 **공자가 가장 사랑한 제자, 안회**

유교의 시조이자 중국 춘추 시대의 사상가인 공자에게는 수많은 제자들이 있었어요. 이름이 전국에 알려진 제자만 해도 칠십 명이 넘었다고 하니, 그 수를 짐작할 수 있겠죠?

그중 공자가 가장 아낀 제자를 꼽으라면 안회를 들 수 있어요.

안회는 불우한 가정 환경에서 자랐지만 이를 원망하지 않는 선한 마음을 지니고 있었고, 어떤 일에서도 성내거나 화를 내지 않는 인자함을 지니고 있었어요. 그래서 공자는 내심 안회를 자신의 뒤를 이을 제자로 생각하고 있었죠.

하지만 안회가 공자보다 먼저 죽자, 공자는 땅을 치며 '하늘이 나를 망하게 하려나 보다!' 하고 울부짖었다고 해요. 이처럼 공자가 안회를 사랑하는 계기가 된 일화가 있었답니다.

당시 공자는 진나라와 채나라를 오가며 자신의 도를 설파했답니다. 그러다 공자의 소문을 듣게 된 초나라가 그를 모셔 가려고 했어요. 그 사실을 안 진나라와 채나라는 공자가 초나라에 가지 못하게 하기 위해 그를 붙잡아 두었어요. 공자와 그의 제자들은 발이 묶여 꼼짝도 못한 채, 곤궁한 생활을 하였어요. 공자는 무려 7일 동안이나 음식을 먹지 못했다고 해요.

제자 안회는 그런 스승님을 위해 여러 곳을 돌아다니며 먹을 것을 구했지만, 쉽지 않았어요. 하지만 스승을 위하는 안회의 마음이 하늘에 닿았을까요? 드디어 안회는 쌀 한 줌을 구할 수 있었어요.

한편 배고픔에 못 이겨 잠이 들었던 공자는 밥 짓는 냄새에 눈을 떠 부엌으로 향했어요.

그런데 문틈으로 공자는 믿을 수 없는 광경을 보게 돼요. 쌀밥이 다 지어졌

을 때 안회가 숟가락을 들어 밥을 한 술을 먼저 떠먹는 게 아니겠어요. 당시만 해도 스승보다 제자가 먼저 밥을 먹는 것은 큰 잘못이었어요.

'내가 가장 사랑하는 안회가 저런 짓을 하다니. 내가 사람을 잘못 보았구나.'

공자는 괘씸한 생각이 들어, 안회를 깨우쳐 주기로 마음먹었어요.

얼마 후, 안회가 쌀밥을 가지고 들어오자 공자가 말했어요.

"내가 잠시 잠이 들었을 때, 아버지께서 나타나 쌀밥 드시기를 원하셨다. 그러니 안회 네가 가져온 깨끗한 쌀밥으로 제사를 지내야겠다."

그렇게 말하면 공자는 안회가 자신의 잘못을 고백할 것이라고 생각한 것이죠. 그런데 안회는 정색을 하며 대답했어요.

"안됩니다, 스승님. 사실 제가 쌀 한 줌을 구해 밥을 짓고 보니 그 안에 수수가 조금 섞여 있었습니다. 스승님께 깨끗한 쌀밥을 드리고 싶었지만 수수 역시 먹는 음식이라 버릴 수는 없어 제가 집어 먹었습니다. 그러니 이 쌀밥은 깨끗한 음식이 아닙니다. 제가 어떻게든 다시 쌀을 구해 올 테니, 이 밥은 스승님께서 드십시오."

'청출어람이라더니.'

공자는 잠시나마 안회를 의심한 자신이 부끄러워졌어요.

<여씨춘추> 속 청출어람

공자는 안회를 의심하고 그를 혼내 주기 위해 말을 꺼냈다가, 오히려 함부로 남을 의심한 자신의 잘못을 깨달아요. 스승을 깨우쳐 주는 제자라니, 그야말로 청출어람(青出於藍)의 본보기 아니겠어요?

고전 깊이 읽기

 청출어람을 이야기한 건 순자였다?

청출어람(靑出於藍)을 처음 이야기한 게 누구인지 아세요? 바로 순자예요. '사람은 원래 악한 존재다.'라는 '성악설'을 주창한 순자와 '제자가 스승보다 낫다.'라는 뜻의 청출어람(靑出於藍)이라니. 왠지 안 어울리지 않나요?

사실 순자는 많은 사람들이 좋아하는 사상가는 아니에요. '인간은 원래 악하다.'는 것을 인정하고 싶은 사람은 별로 없을 테니까요. 순자의 성악설은 그가 사람들을 싫어하는 것처럼 보이게까지 하죠. 하지만 그건 순자에 대한 오해예요. 그만큼 사람들을 아낀 사상가도 없었답니다. 그는 올바른 사회를 만들기 위해서는 교육이 필요하다고 생각했어요. 그래서 순자는 당시 중국의 어느 사상가보다 교육의 중요성에 대해 이야기했답니다. 순자는 인간의 본성이 비록 악하지만, 이를 교육으로 바로 잡을 수 있다고 믿은 것이죠.

그래서 그는 자신의 저서 〈순자〉에서 교육의 중요성에 대해 이야기하며 청출어람의 예와 함께 얼음의 예를 들었어요.

"푸른빛은 풀에서 얻지만 풀보다 더 파랗고, 얼음은 물로 이루어졌지만 물보다 더 차갑다."

이는 단순히 스승보다 나은 제자를 이야기한 게 아니에요. 여기서 풀은 '학문'을 이야기하고, 푸른빛은 학문을 공부하는 '학생'을 일컫죠. 학문을 배우고 스스로 실천하는 것이 가장 중요하다는 의미를 담고 있어요.

인간이 동물과 다른 가장 중요한 점은 끝없이 노력하고 공부한다는 거예요. 우리 모두 과거의 나보다 청출어람(靑出於藍)한 모습을 가지기 위해 열심히 공부하도록 해요!

初 志 一 貫
처음 뜻 한 꿸

초 지 일 관

처음 품은 뜻을 한결같이 지켜나감.

 **위대한 갈매기 조나단 리빙스턴**

어느 해변 아래 수많은 갈매기들이 살고 있었어요. 조나단 리빙스턴은 그 수많은 갈매기 중 하나였죠. 하지만 그는 다른 갈매기들과는 달랐어요. 다른

갈매기들은 단지 먹이를 먹기 위해서만 날았죠. 하지만 조나단 리빙스턴에게는 '나는 것' 자체가 목표였어요. 그는 더 높이, 더 멀리, 더 빠르게 날기 위해 하루 종일 연습했어요. 자신의 속도를 이기지 못해 바다에 빠지는 일도 많았죠. 그런 그의 모습은 다른 갈매기들에게는 웃음거리였어요. 그리고 그의 부모님에게는 골칫거리였죠.

"조나단, 너는 대체 왜 그렇게 멍청한 짓만 계속하는 거냐. 이제 곧 겨울이 오고, 먹이도 줄어들 거다. 그 전에 마음껏 먹이를 먹어 둬야지. 제발 남들처럼 살려무나. 남들처럼!"

조나단은 그런 부모님의 걱정에 못 이겨 다른 갈매기들처럼 살아 보려고도 했어요. 하지만 그럴수록 더 높이, 더 멀리, 더 빠르게 날고 싶어 하는 마음만 커져 갔죠. 그래서 조나단은 갈매기들이 모두 잠든 밤에 나는 연습을 계속했어요. 계속된 연습 끝에 그는 매처럼 나는 법을 익혔고, 어느 순간 무리의 어느 갈매기보다도 빠르게 날 수 있었어요.

하지만 그런 조나단의 모습을 좋지 않게 보는 이가 있었어요. 바로 우두머리 갈매기였죠. 우두머리 갈매기는 조나단이 무모한 짓을 하며 갈매기 무리의 전통을 깨려 한다고 생각했어요. 그래서 갈매기들을 모두 불러 모은 뒤, 조나단을 가운데 세웠죠.

"조나단, 너를 갈매기 무리에서 추방한다. 멀고 먼 벼랑에 가서 홀로 지내거라."

조나단은 억울했어요. 날개를 가진 새로 태어난 이상, 나는 것이 최고의 목표라는 것이 조나단의 생각이었죠. 하지만 우두머리 갈매기는 조나단의 말을 듣지 않았어요.

결국 조나단은 무리에서 쫓겨나 멀고 먼 벼랑에서 홀로 살았어요. 그럼에도 불구하고 조나단은 초지일관 나는 법을 연구했어요.

그런 조나단 앞에 또 다른 갈매기 한 마리가 나타났어요. 역시 홀로 나는 법을 연구하다 무리에서 쫓겨난 갈매기 플레처였죠. 조나단은 플레처를 제자로 삼아 여러 비행 기술을 알려 주었어요. 푸른 하늘을 나는 두 갈매기의 모습은 어린 갈매기들을 설레게 만들었죠. 점점 조나단에게는 많은 제자들이 생겨났어요. 하지만 그만큼 조나단을 위험한 갈매기로 여기는 이들도 늘어났지요.

"조나단이 갈매기 무리를 망칠 거야. 그를 죽여야 해!"

조나단은 다른 갈매기들에게 생명의 위협을 받았어요. 하지만 이미 한계를 초월해 날아다니는 조나단을 잡을 수 없었죠. 조나단은 제자 플레처에게 다른 갈매기들의 교육을 맡기고 하늘로 날아갔어요. 아무도 방해하지 않는 곳에서 죽는 날까지 날기 위해서였죠.

<갈매기의 꿈> 속 초 지 일 관

왜 다른 갈매기들은 나는 법을 배우지 않았을까요? 아마 새로운 것에 도전하기가 겁났을 거예요. 하지만 조나단 리빙스턴은 그런 두려움을 벗어나 나는 법을 배우기 위해 초지일관(初志一貫) 노력했고, 결국 성공했답니다!

고전 깊이 읽기

🕯 꿈을 향해 다가가는 성스러운 여정

　리처드 바크는 1936년, 미국 일리노이 주에서 태어났어요. 공군에 입대해 비행기 조종사가 된 그는, 하늘을 날며 틈틈이 비행 잡지에 몇 편의 글을 썼죠. 그러던 어느 날, 리처드 바크는 해변을 거닐다 공중에서 들려오는 목소리를 들어요. 그리고 곧바로 집으로 돌아와 글을 쓰죠. 그 작품이 바로 〈갈매기의 꿈〉이에요.

　〈갈매기의 꿈〉의 주인공 조나단 리빙스턴은 해변가에 사는 갈매기예요. 사실 조나단의 삶에는 큰 어려움이 없어 보여요. 해변가에는 늘 먹이가 넘치고, 그걸 주워 먹고 살면 되었거든요. 실제로 그의 부모 갈매기를 비롯한 다른 갈매기들은 모두 그렇게 살았어요. 하지만 조나단 리빙스턴은 자기 앞에 놓인 평탄한 삶을 뿌리치고, '나는 법'을 배우고 싶다는 꿈을 꾸죠. 모두들 조나단의 꿈을 비웃어요. 그리고 조나단 역시 그 꿈을 이루기 위해 죽을 고생을 하죠. 하지만 결국 조나단은 자신의 꿈을 이뤄요. 그 꿈을 이루었다는 이유 하나만으로 무리에서 추방당하고, 심지어는 다른 갈매기들에게 죽임을 당할 뻔하기도 하지만 조나단은 행복해요. 왜냐하면, 자신의 꿈을 이루었기 때문이에요.

　〈갈매기의 꿈〉은, '고전'이라고 하기에는 비교적 최근에 나온, 1970년 작품이에요. 하지만 일상이라는 쳇바퀴를 힘없이 도는 사람들에게 인생의 목적과 꿈의 숭고함을 되찾아 주며 불멸의 명작이 되었죠.

　우리는 누구나 조나단 리빙스턴이 되길 원해요. 그렇다면 아무리 힘들고 어렵더라도, 우리의 꿈을 이루기 위해 초지일관(初志一貫) 노력해야겠죠? 그럼 어느 순간, 꿈이 우리 곁에 다가와 있을 거예요.

〈열하일기〉 속 타 산 지 석

他 山 之 石
다를 · 뫼 · 어조사 · 돌

타 산 지 석

다른 사람의 본이 되지 않는 행동도 자신을 수양하는 데 도움이 된다는 것을 비유적으로 이르는 말.

 중국에서 가장 볼 만한 것

〈열하일기〉는 조선 후기의 실학자 연암 박지원이 청나라를 여행할 때 쓴 일기이자 기행문이에요. 그중에서 박지원이 중국에서 가장 볼 만한 것에 대한 이야기를 써놓은 부분이 있어요. 같이 한번 읽어볼까요?

7월 15일. 날이 밝았다.

우리나라 사람들이 북경을 다녀온 사람들을 보면 꼭 묻는 말이 있다. 바로 '북경 여행 중에 무엇이 가장 볼 만한가?' 하는 것이다. 거기에 대한 사람들의 대답은 다들 제각각이다.

"천 리나 뻗어 있는 요동벌이 그야말로 장관이지."

"연로를 걸어갈 때 끝도 없이 세워진 상점 거리가 그야말로 멋지지."

하지만 내 생각에 북경에서 가장 볼 만한 건 깨진 기와 조각과 똥거름이다. 내가 아마 이렇게 말하면 다들 날 미쳤다고 할 것이지만, 내 말을 들어 보면 다들 이해할 것이다.

우리나라에서 깨진 기와 조각은 아무 가치가 없어 모두 버리는 물건이다. 하지만 북경에서는 다르다. 그 조각들을 모아 담장 위와 바닥에 깐다. 그러면 비가 올 때 진창길을 밟아서 신발과 바지 밑단을 더럽힐 염려가 없다. 그뿐 아니라 크기가 다른 여러 조각들이 모여서는 세상 어디에서도 볼 수 없는 아름다운 무늬를 만든다.

그렇다면 똥거름은 어떤가? 사실 똥오줌은 더러워서 모두들 꺼리는 물건이다. 하지만 북경에서는 그걸 모두 모아 삭혀서 거름으로 쓴다. 그래서인지 북경 거리에는 개똥 하나 떨어진 것이 없다. 그걸 모두 퍼다 자기네 집에 있는 거름통에 모으기 때문이리라. 그런데 각자 집에 세워 놓은 거름통의 모양이 또 볼거리다. 어디에는 네모난 것도 있고, 또 어디에는 팔각형도, 육각형도 있다. 아예 어떤 집에서는 멋을 부려서 누각처럼 세워 놓기도 한다. 그 거름통의 모양만 바라봐도 세상 모든 건축물의 모양이 다 보일 것만 같다. 다른 나라에서라면 아무 가치도 없는 깨진 기와 조각과 똥거름이 이렇게 멋들어지게 변하니, 북경에서 가장 볼 만한 물건은 이 둘이 분명하다.

사실 조선에서는 청나라를 오랑캐 나라라고 무시하기 일쑤이다. 하지만 지금 천하의 강국은 청나라가 분명하다. 실패한 것도 타산지석 삼는 그들의 생각이 몹시 실용적이기 때문이다. 그들은 좋은 제도가 있다면 자기 나라 남의 나라 구분하지 않고 들여와서는 자기들이 쓰기 좋게 고쳐 쓰고 있다. 그런 그들의 실용성을 가장 잘 알 수 있는 게 깨진 기와 조각과 똥거름이 아닐까 싶다. 우리나라도 이제 낮은 가치에 매달리지 말고 청나라로부터 배울 것을 받아들여 배워야 할 것이다.

<열하일기> 속 타 산 지 석

타산지석(他山之石)은 '쓸모없는 것이라도 쓰기에 따라 유용한 것이 될 수 있음'을 뜻하기도 하고 '다른 사람의 본이 되지 않는 행동도 자신을 수양하는 데 도움이 된다는 것'을 비유적으로 이르기도 해요.

고전 깊이 읽기

 금서로까지 지정된 베스트셀러 〈열하일기〉

　연암 박지원이 쓴 〈열하일기〉에는 청나라를 여행하며 그가 처음 본 신기한 물건들과, 처음 들은 신기한 일에 대한 이야기가 담겨져 있어요. 〈열하일기〉가 나왔다는 이야기만 들리면, 사람들은 어렵게 책을 구해 밤새 읽었고, 또 직접 손으로 베껴 쓰기까지 했죠. 그런데 이렇게 인기가 많았던 〈열하일기〉를 당시의 왕 정조는 읽기를 금지하는 책, 금서(禁書)로 지정했어요. 도대체 무슨 이유에서였을까요?

　당시 조선은 성리학의 나라였어요. 그러면서 이미 사라져 버린 명나라를 받들었고, 새롭게 생겨난 청나라를 '오랑캐 나라'라며 무시했답니다. 하지만 청나라는 이전의 명나라를 압도할 정도로 발전하고 있었어요. 그래서 젊은 학자들 중에서는 대체 청나라가 어떻게 발전을 할 수 있었을까를 연구하는 움직임이 있었지요. 그런 학자 가운데 한 명이 바로 연암 박지원이었어요. 그는 이론적인 성리학 대신 자신이 살고 있는 조선을 발전시킬 수 있는 실용적인 학문, 실학(實學)을 주장했어요. 그런 그의 눈에 청나라는 그야말로 배울 게 무궁무진한 나라였죠. 〈열하일기〉는 그런 박지원의 생각을 담은 글이었죠.

　당시의 기득권 세력인 사대부들의 입장에서는 자신들의 생각과 정반대인 〈열하일기〉가 인기를 끄는 것이 불만이었죠. 누군가는 이러다 조정이 무너질지도 모른다는 공포감을 가지기까지 했어요. 그래서 정조는 직접 〈열하일기〉를 금서로 지정하고, 실학 사상을 가진 이들을 탄압했어요. 그럼에도 불구하고 〈열하일기〉는 은밀히 사람들 사이에서 전해지는 베스트셀러였지요. 사람들이 박지원의 생각에 많은 공감을 했기 때문이에요.

《수호지》속 토사구팽

兎 死 狗 烹
토끼 죽을 개 삶을

토 사 구 팽

토끼 사냥이 끝나면 사냥개를 삶아 먹는다는 뜻으로,
필요할 때는 잘 쓰이다가 쓸모가 없어지면 바로 버려진다는 말.

 살아서 고통 받은 영웅들, 죽어서 신선이 되다

중국 송나라 말, 백성들에게 하루하루 산다는 것은 하루하루 고통 받는 것과 같았어요. 무능한 황제 아래서 신하들은 온갖 부정부패를 저질렀고, 여진족들은 금이라는 나라를 세워 송나라를 집어삼키려 했죠. 백성들은 제발 자신들을 구원해 줄 영웅이 나타나길 원했어요.

그때 정말로 영웅들이 나타났어요. 바로 양산박의 108호걸들이었죠. 하지만 지금의 기준에서 본다면, 이들은 사실 '도적떼'예요. 이들 중에는 탐관오리에게 아내를 빼앗기고 목숨까지 위협받은 비운의 군인 임충, 맨손으로 호랑이를 때려잡은 호걸 무송, 검은 수염을 흩날리며 청룡언월도로 적들을 베어 넘기는 관우의 자손 관승 등 실로 영웅다운 모습을 지닌 자들도 있었어요. 하지만 한편으로는 무차별하게 사람을 죽이는 살인자에 도둑들도 득시글거렸죠.
 이런 도적들을 하나로 모은 건 바로 송강이란 인물이에요. 원래 송나라의 하급 관리였던 송강은 양산박에 모여드는 호걸들을 아무런 대가 없이 도와주었죠. 그런 진실된 마음이 호걸들의 마음을 흔들었어요. 또 송강은 양산박에 모인 이들을 단순한 도적떼가 아닌 탐관오리를 벌하고 오랑캐를 무찌르는 영웅들로 탈바꿈시켜요. 그는 송나라 군사들과의 전투에서 승리를 거둔 후에도, 포로를 죽이지 않고 오히려 자신의 편으로 삼는 대인배의 모습을 보여요.
 송강을 두령으로 삼은 후 양산박 108호걸은 서로 한마음이 되었어요. 그들은 탐관오리가 있는 곳으로 달려가 그를 죽이고 재물을 가난한 백성들에게 나

뉘 주었죠. 그런 그들이 송나라의 간신들에게는 큰 골칫거리였어요. 하지만 그때 누군가 간사한 꾀를 내요.

"황제에게 부탁해, 이들에게 벼슬을 내려 송나라의 군사로 삼아 버리죠."

그들의 말대로 송나라 황제가 명을 내리자, 그동안 도적으로 몰리며 군사들과 싸우던 108호걸들은 굉장히 영광스러워하며 송나라의 군사가 되었어요.

하지만 양산박 108호걸들은 황제의 명령으로 오랑캐를 무찌르고 반란을 막느라 점점 지쳐갔어요. 그러면서 목숨을 잃는 호걸들이 하나둘 늘어났지요.

결국 모든 전쟁을 마치고 돌아왔을 때 108호걸들은 대부분 죽은 뒤였고, 송강을 비롯한 몇몇 호걸밖에 남지 않았어요.

하지만 오랑캐가 사라지자 더 이상 양산박 호걸들이 필요 없어진 간신들은 그들을 모함하죠. 결국 송강을 비롯한 남은 이들도 모두 사약을 받아 죽고 말아요. 그들은 토사구팽 당한 것이었죠.

하지만 이들은 죽은 후에 알게 돼요. 자신들이 하늘의 108 별자리의 운명을 타고 난 신선이었다는 것을. 하늘에서 신선으로 다시 만난 호걸들은 이승에서의 미련을 벗어던지고 행복한 삶을 산답니다.

<수호지> 속 토 사 구 팽

108호걸들은 송나라를 다시 일으키기 위해 노력했어요. 하지만 간신들은 외세를 막는 데 호걸들을 이용한 후, 다시 평화가 찾아오자 토사구팽(兎死狗烹)해 그들을 죽이고 말죠. 죽은 후에라도 108호걸들이 행복하게 되어서 다행이에요.

고전 깊이 읽기

 서민과 함께 살아 숨쉬는 양산박의 108호걸들

중국 명나라 때 쓰인 〈수호지〉는 송나라 때 실제로 벌어진 반란 사건을 소재로 하여 떠도는 이야기를, 시내암이라는 사람이 소설로 썼다고 해요. 그런데 재밌는 건 시내암이 〈수호지〉를 모두 쓴 건 아니에요. 그 뒤를 이어 〈삼국지〉를 쓴 나관중이 문체를 다듬고 뒤의 이야기를 썼다고 전해져요. 그러니 정확히 말하면 〈수호지〉는 시내암과 나관중이 공동으로 쓴 소설이에요.

〈수호지〉는 책으로 나오자마자 서민들 사이에서 엄청난 인기를 끌었어요. 각기 다른 매력을 뽐내는 108명 호걸들의 모습이 멋있기도 했지만, 부패한 관료들을 단칼에 베어 버리는 장면에서 서민들은 충격과 함께 은밀한 기쁨을 맛보았어요. 당시 명나라의 관리들도 〈수호지〉 속의 모습과 별반 차이가 없을 정도로 부패했었거든요. 그래서 서민들은 양산박의 호걸들이 실제로 나타나길 바라며 〈수호지〉를 읽었어요.

그러니 관료들과 기득권 세력은 〈수호지〉를 싫어할 수 밖에요. '도둑떼를 옹호한 책'이라고 해서 보이는 족족 압수했죠. 게다가 민간에 '도둑을 숭상한 〈수호지〉를 쓴 사람은 그 자손 오대가 눈이 멀고 귀가 멀었다.'는 이야기를 퍼트려, 감히 〈수호지〉에 접근도 못하게 했어요. 하지만 그럼에도 불구하고 〈수호지〉는 중국 무협 소설의 시초로 불리며, 중국인들의 정신세계를 형성하는 한 축이 되죠.

〈홍길동전〉을 쓴 허균도 〈수호지〉를 즐겨 읽었다고 해요. 그래서 홍길동이 세운 활빈당과, 수호지 속의 양산박이 공통점을 띠고 있는 걸까요?

〈돈키호테〉 속 파 죽 지 세

破 竹 之 勢
깰 대나무 어조사 형세

파죽지세

대나무를 쪼개는 기세라는 뜻으로,
맹렬한 기세로 적을 무찌른다는 말.

 스스로 기사가 된 노인, 돈키호테

스페인의 라만차에 알론소 키하노라는 노인이 살고 있었어요. 하루하루 무기력하게 살아가던 그의 유일한 취미는 기사 소설을 읽는 것이었죠. 아니, 아침에 눈을 떠서 밤에 잠이 들 때까지 기사 소설에 푹 빠져 지냈죠. 그러다 어느 순간 현실과 소설 속 이야기를 구분하지 못하는 지경이 되고 말았어요.

"그래, 나는 기사야. 그런데 어찌 집에만 머물고 있단 말인가. 이 세상은 지금 기사도를 잊고 혼돈에 가득 차 있어. 내가 나서서 이 세상을 바로잡아야지!"

알론소 키하노는 스스로를 견습 기사 '돈키호테'라고 생각하게 돼요. 그래서 집에 있던 낡은 갑옷을 걸치고 늙은 말 로시난테를 타고, 농부 산초 판사

를 자신의 하인으로 삼아 스페인 여행길에 나서요.

알론소 키하노, 아니 돈키호테의 모험은 시작부터 화려해요. 돈키호테의 눈에 평범해 보이는 건 아무것도 없답니다. 그에게 풍차는 몽둥이를 든 거인으로 보이고, 평화롭게 노니는 양떼들은 전투 중인 군대로 보이죠. 그리고 포도주가 든 가죽 주머니는 꼭 물리쳐야만 할 괴물로 보인답니다. 돈키호테는 적을 향해 열심히 창을 휘두르고 칼을 내리치지만 언제나 지고 말죠. 하지만 그는 스스로 졌다고 생각한 적이 한 번도 없답니다. '지금의 패배'보다는 '다음의 승리'를 위해 계속 달려 나가죠. 남들이 보기에 우습지만, 돈키호테는 언제나 진지했어요. 그래서일까요? 그의 하인이 된 산초 판사는 어느새 돈키호테를 동경하게 돼요. 정말 자신이 기사의 하인이 된 것이라고 믿게 되죠.

그렇게 마을을 돌아다니며 혼자만의 신 나는 모험에 빠진 돈키호테는, 문득 자신이 중요한 것을 놓치고 있다는 사실을 깨달아요.

"내가 기사라면, 목숨 바쳐 지켜야 할 아름다운 공주님도 있을 터, 그녀를 찾아야겠다."

돈키호테는 자신만의 공주님을 만나기 위해 성으로 향해요. 아, 물론 돈키호테의 눈에만 성으로 보일 뿐, 그곳은 사실 낡아빠진 집이었죠.

그곳에 도착한 돈키호테에게 진실로 아름다운 공주님, 둘시네아가 나타나요. 그녀는 사실 농부의 못생긴 딸이었지만, 그런 건 중요하지 않았어요. 돈키호테에게는 그녀야말로 자신이 목숨을 바칠 만한 공주였으니까요.

그는 둘시네아의 아름다움을 알리기 위해 동네 건달과 싸우다 맞아 죽을 뻔하기도 하지만, 절대 자신의 신념을 꺾지 않아요. 그 결과 그의 진실한 마음을 둘시네아가 인정해 주죠.

돈키호테를 한 번 본 사람들은 파죽지세로 덤비는 그를 비웃어요. 돈키호테를 두 번 본 사람들은 그가 미쳤다며 안쓰러워하죠. 하지만 돈키호테를 세 번 본 사람들은, 그야말로 이 시대 유일하게 남아 있는 진실한 기사라는 것을 알게 돼요. 비록 그가 노망이 났다고 할지라도 말이에요!

<돈키호테> 속 파 죽 지 세

돈키호테가 비록 기사 소설을 너무 많이 읽어 현실과 소설을 구분하지 못한다 하더라도, 그의 마음만은 진짜였어요. 그러니 세상의 적들을 모두 물리치기 위해 파죽지세(破竹之勢)로 달려갔겠지요?

고전 깊이 읽기

돈키호테처럼 살아온 작가, 세르반테스

〈돈키호테〉의 작가, 세르반테스는 가난한 의사의 아들로 태어나 겨우 기초 교육만 마친 후, 군대에 입대해요. 그리고 1571년, 중동의 이슬람 문화와 유럽의 기독교 문화의 본격적인 싸움으로 알려진 레판토 해전에 참가했다 평생 왼손을 쓰지 못하는 심각한 부상을 입어요. 그는 부상의 대가로 표창장을 받고 에스파냐로 가는 귀국길에 올랐죠. 하지만 해적에게 붙잡혀 5년 동안 알제리에서 비참한 노예 생활을 해야만 했어요. 겨우 도망쳐 에스파냐로 돌아온 세르반테스는 부유한 농사꾼의 딸과 결혼한 후, 본격적인 작가로 생활하죠. 하지만 초기에 쓴 그의 작품은 하나도 성공하지 못했어요. 결국 그는 작가의 꿈을 버리고 세금 징수원으로 가난한 생활을 이어나가죠. 그런 힘든 생활 속에서 나온 작품이 바로 〈돈키호테〉예요. 당시 유행하던 기사 소설을 풍자하면서, 처음으로 소설 속에서 인간다운 인간을 만들어 낸 〈돈키호테〉는 당시에도 선풍적인 인기를 끌었지만, 계약상의 실수로 인해 그에게 많은 돈을 벌어다 주지는 못했어요.

하지만 〈돈키호테〉의 성공으로 용기를 얻은 그는 이후 소설과 희곡, 그리고 〈돈키호테〉의 후속편을 쓰며 작가로 자리매김하죠.

돈키호테는 정신 나간 행동으로 인해서 사람들의 비웃음을 사는 인물로 보여요. 하지만 정작 돈키호테 자신은 온갖 실패와 사람들의 모욕에도 불구하고 자신의 고귀한 뜻을 꺾은 적이 없었죠. 혹시 세르반테스는 혼란스러운 세상에서 비참하게 살아가는 자신에게 스스로 용기를 주기 위해, 돈키호테란 인물을 창조해 낸 건 아닐까요?

〈타르튀프〉 속 호가호위

狐 假 虎 威
여우 빌릴 호랑이 위세

호가호위

여우가 호랑이의 힘을 빌려 다른 짐승을 놀라게 한다는 뜻으로,
남의 힘을 빌어 자기가 으스대는 걸 일컫는 말.

 오르공의 권세를 등에 업은 타르튀프

오르공은 너무도 행복했어요. 바로 자신이 직접 집에 모시고 온 훌륭한 수도사 타르튀프 때문이었죠. 오르공은 타르튀프가 자신의 집에서 편히 지낼 수 있도록 많은 노력을 기울였어요. 하지만 정작 타르튀프는 그런 편안함을 거부했죠. 언제나 검은 수도복을 입고 하느님에 대한 기도를 올렸어요. 그런 타르튀프의 모습을 볼 때마다 오르공의 마음속에서는 독실한 신앙심이 생겨났죠.

그렇다면 타르튀프가 정말 그렇게 훌륭한 수도사인 걸까요? 아니에요! 그는 위선자, 사기꾼이에요. 오르공과 그의 어머니를 제외한 집안 사람들 모두 그 사실을 알고 있죠.

타르튀프는 오르공의 집에 도착한 후, 오르공의 권세를 등에 업고 호가호위

하며 집안의 주인처럼 행세했어요. 자신의 정체가 탄로날까 봐 다른 사람의 출입을 금지시키고, 집 안의 음식을 마음껏 먹어 댔죠. 하지만 오르공은 그런 사실을 전혀 몰랐어요. 아니, 오히려 그는 자신의 딸 마리안을 타르튀프와 이어 주려고 해요. 이미 마리안에게 사랑하는 약혼자가 있음에도 말이에요!

정작 타르튀프는 그 모든 일에 관심이 없다는 듯 행동했어요. 하지만 사실 그에게는 이미 마음에 두고 있는 여인이 있었어요. 누구냐면, 바로 오르공의 젊은 부인인 엘미르였어요! 정말 용서받지 못할 일이었지만, 타르튀프는 뻔뻔하게 엘미르를 유혹하려 했죠. 그때 오르공의 아들 다미스가 그 사실을 알고 참지 못해 뛰어들었어요.

"위선자 타르튀프! 드디어 네 정체를 드러내는구나! 내 이 사실을 모두 아버지에게 알리겠다! 그래서 널 쫓아내고 집안에 평화를 되찾겠어!"

다미스는 얼른 아버지에게 달려가 자초지종을 설명했죠. 하지만 오르공의

반응은 정말 놀라웠어요.

"이런 못된 놈! 네가 감히 타르튀프 선생님을 모욕하는 것이냐! 너같은 놈은 내 아들도 아니다! 당장 이 집에서 나가 버려!"

오르공은 타르튀프를 너무 믿은 나머지, 자신의 아들이 말하는 사실도 믿지 못하고 오히려 그를 쫓아내 버렸어요. 게다가 오르공은 타르튀프에게 전 재산을 맡기기까지 해요. 그것이 바로 타르튀프가 그토록 원하던 것인 줄도 모르고요.

오르공의 전 재산을 차지한 타르튀프는 드디어 본색을 드러내, 오르공의 가족을 집에서 쫓아내려 하죠.

타르튀프는 급기야 오르공 가족을 내보내기 위해 경찰관까지 불러요. 하지만 그 일이 바로 타르튀프의 발목을 잡죠. 유능한 경찰관은 타르튀프가 바로 여러 곳에서 사기를 치고 도망다니는 수배범임을 알고, 오히려 타르튀프를 붙잡아 버리죠.

결국 오르공은 자신이 가장 믿었던 친구 타르튀프에게 전 재산과 아내를 빼앗길 뻔한 위기를 넘기고, 자신의 잘못을 깨달아요.

<타르튀프> 속 호 가 호 위

타르튀프는 집의 가장인 오르공의 눈에 들었다는 이유 하나만으로, 집안의 재산과 사람들까지 자기 마음대로 다뤄요. 그야말로 호가호위(狐假虎威)를 한 것이죠. 물론 그 결과, 감옥에 가게 되지만요.

고전 깊이 읽기

희극계의 셰익스피어, 몰리에르

　영국의 극작가 셰익스피어를 모르는 사람은 없어요. 하지만 프랑스의 극작가 몰리에르를 아는 사람은 흔치 않죠. '희극계의 셰익스피어'라고 이야기를 해도, 그가 희극을 잘 썼다는 걸 짐작만 할 뿐, 그의 작품이 뭔지 아는 사람은 극히 드물어요. 〈수전노〉, 〈상상병 환자〉, 〈억지 의사〉는 모두 몰리에르가 쓰고 연출하고 직접 배우로 나선 작품들이에요. 제목만 딱 봐도 어떤 주인공이 나올지 대충 상상이 가죠? 이처럼 몰리에르는 독특한 성격을 가진 인물이 평범한 다른 인물들과 만나 벌어지는 소동을 좋아했어요. 그래서 그의 희극을 '성격희극'이라고 이야기해요.

　당시 프랑스의 왕 루이 14세의 총애를 받은 몰리에르는 왕을 위한 공연을 계속했고, 그때마다 성공을 거둬요. 하지만 그럴수록 그를 질투하는 무리들 때문에 곤욕을 치루죠.

　〈타르튀프〉는 몰리에르의 대표작 중 하나예요. 당시 프랑스의 종교인들을 비판하기 위해 쓰인 작품이죠. 하지만 지금 봐도 오르공의 모습은 눈앞에 보이는 진실을 외면한 채 살아가는 우리들의 모습을 떠올리게 해요. 또 남들 앞에서는 진실로 고귀한 척 하다가도 혼자 있을 때는 추악한 본성을 드러내는 타르튀프의 모습도 다른 사람들이 볼 때와 안 볼 때의 모습이 전혀 다른 우리들과 닮아 있어요. 이처럼 몰리에르는 정말 특이한 성격의 인물을 만들면서도, 왠지 우리 주변을 떠올리게 하는 친근함으로 수많은 관객들에게 웃음을 선사했어요. 혹시 기회가 된다면 공연장을 찾아 몰리에르의 연극을 한번 보는 건 어때요? 분명 좋은 경험이 될 거예요!

<그리스 로마 신화> 속 화 룡 점 정

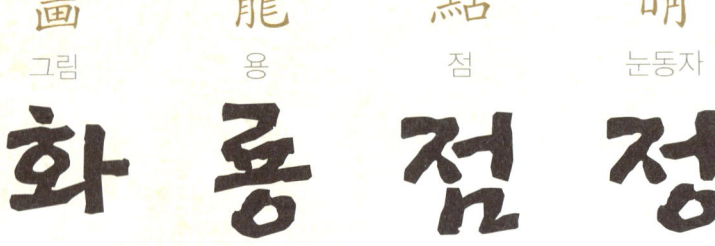

畵 龍 點 睛
그림 용 점 눈동자

화 룡 점 정

용의 눈동자를 그려 넣는다는 뜻으로,
사물의 가장 중요한 부분을 완성시킴.

 조각상을 사랑한 피그말리온

그리스에서 가장 훌륭한 조각가 피그말리온에게는 한 가지 문제가 있었어요. 그건 바로 숫기가 없어 여자 앞에만 가면 아무 말도 하지 못한다는 것이었죠. 그런 성격 탓에 피그말리온은 결혼은커녕, 엄마 이외의 여자와 단 둘이 있어본 적도 없었어요. 하지만 그는 자신의 문제를 들키기 싫어서 사람들 앞에서는 호기롭게 말했어요.

"여자를 뭐 하러 만나나. 혼자 있는 게 마음이 편한데. 그런 나에게 결혼이라니? 말도 안 되는 소리!"

하지만 한 해 한 해 시간이 흐를수록 피그말리온의 외로움은 커져만 갔어요. 결국 그는 외로움을 잊기 위해 돌에 아름다운 여인의 모습을 새겼어요.

드디어 여인의 조각상이 완성되자, 피그말리온은 아무 말도 하지 못했어요. 자신이 만든 조각상의 아름다움이 너무도 완벽했던 것이죠.
"이보다 더 아름다운 여인은 없을 거야. 정말 아름답군."
그 순간, 피그말리온은 조각상과 사랑에 빠져 버리고 말았어요.
피그말리온은 시장에 나가 여인의 옷과 여러 빛깔의 보석들, 그리고 향기로운 꽃들을 사와서 조각상을 장식했어요. 그러면 그럴수록 조각상의 아름다움은 더해져만 갔고, 피그말리온마저 그 조각상을 사람이라고 착각할 정도였죠.
피그말리온이 조각상에 대한 사랑을 키워 나가고 있을 때, 거리에서는 사랑과 미의 여신 아프로디테를 찬양하는 축제가 벌어졌어요. 사람들은 모두 자신의 사랑을 이뤄 달라고 기도하기 위해 아프로디테 신전으로 향했죠.
피그말리온 역시 축제 소식을 듣고 아프로디테의 신전으로 갔어요. 그리고

간절히 기도했어요.

"신이시여, 저의 소원은 단 하나입니다. 제가 사랑하는 조각상이 제 아내가 되게 해 주십시오."

하지만 피그말리온은 자신의 기도가 얼마나 말이 안 되는지 잘 알고 있었어요. 그래서 신전에 찾아가기 전보다 훨씬 우울해져서 집으로 돌아왔죠.

그런데 문을 열고 들어오니, 소파에 누워 있는 조각상이 살아 있는 것처럼 보이는 게 아니겠어요? 피그말리온이 다가가 조각상의 얼굴을 바라보는데, 그 입술이 피가 도는 듯 붉게 비치고 있었어요. 피그말리온은 자신도 모르게 그 입술에 키스를 했죠. 그런데 이럴 수가! 조각상의 입술에서 쌔근쌔근 숨소리가 들려왔어요. 피그말리온이 놀라 굳은 듯 서 있는데, 그 조각상이 하품을 하며 일어나는 게 아니겠어요.

바로 미의 여신 아프로디테가 피그말리온의 기도를 듣고 그 조각상에게 생명의 숨결을 불어넣는 화룡점정으로 인간을 만들어 준 것이었어요!

피그말리온은 인간이 된 조각상, 아니 여인과 결혼해 평생 행복하게 살았답니다.

<그리스 로마 신화> 속 화 룡 점 정

피그말리온의 조각 솜씨가 대단하긴 대단했나 봐요. 자기가 만든 여인의 조각상에 반할 정도이니 말이에요. 거기에 아프로디테가 생명의 숨결을 불어넣어 화룡점정(畵龍點睛)을 찍으면서, 피그말리온은 진정한 배우자를 만나게 되었어요!

고전 깊이 읽기

독서록으로 고전 읽기에 '화룡점정'을 찍자!

그리스 로마 신화 가운데 가장 낭만적인 이야기 중 하나인 피그말리온 신화는 지금도 많은 사람들이 좋아하는 이야기예요. 이 이야기의 주인공인 조각가 피그말리온을 본떠 심리학에서는 '피그말리온 효과'라는 용어를 쓰기도 하지요. 사람들이 계속해서 누군가에게 긍정적인 기대나 예측을 하면, 그 대상이 되는 사람이 정말로 긍정적인 효과를 얻는다는 거예요. 마치 피그말리온이, 조각상이 인간이 되기를 기대하니 인간이 된 것처럼요.

이런 '피그말리온 효과'처럼 고전은 단순한 옛날이야기가 아니라 우리 곁에서 언제나 살아 숨 쉬는 이야기예요. 〈그리스 로마 신화〉 속 신들과 영웅들은 지금도 판타지 영화나 소설, 그리고 여러 상품들의 이름으로 쓰여요(유명 스포츠 브랜드 'NIKE'의 이름과 브랜드 로고가 그리스 신화 속 승리의 여신 '니케'의 이름과 여신의 날개 모양을 본떴다는 건 유명한 이야기죠). 〈삼국지〉를 비롯한 〈수호지〉, 〈서유기〉 같은 중국 고전 속 영웅들은 컴퓨터 온라인 게임 속에서 지금도 맹렬히 전투 중이에요. 〈삼국유사〉는 어떤가요? 우리나라 수많은 예술가들이 〈삼국유사〉 속 이야기에서 영감을 받아 회화, 조각, 연극, 소설 등 여러 예술 작품을 발표했죠. 예수와 부처, 공자와 맹자의 가르침은 아직도 많은 사람들에게 어떻게 살아야 하는지 알려 주고 있어요. 세월을 넘어 깊은 감동과 교훈을 전하는 고전. 시대와 관점에 따라 다양한 해석이 가능한 고전이기에 고전을 읽고 난 뒤에는 생각을 정리하여 기록해 두는 것이 좋아요. 독서록 쓰는 일은 고전 읽기에 화룡점정(畵龍點睛)을 찍는 일이 될 테니까요.

이 책에 나오는 고사성어

각골난망	10	어부지리	114
감언이설	14	언중유골	118
격세지감	18	와신상담	53
계륵	22	외유내강	122
고진감래	26	용두사미	126
과유불급	30	용호상박	130
관포지교	172	우유부단	134
군계일학	34	우이독경	138
금의환향	38	이구동성	142
남가일몽	157	이심전심	146
노심초사	42	일거양득	152
다다익선	46	일석이조	150
대기만성	50	일장춘몽	154
대동소이	54	자포자기	158
동병상련	58	적반하장	162
모순	62	조삼모사	166
부화뇌동	66	죽마고우	170
사면초가	70	지음	173
사상누각	74	천고마비	174
사필귀정	78	천재일우	178
살신성인	82	첩첩산중	100
삼고초려	86	청출어람	182
새옹지마	90	초지일관	186
선견지명	94	타산지석	190
설상가상	98	토사구팽	194
수수방관	102	파죽지세	198
수어지교	89	호가호위	202
안빈낙도	106	화룡점정	206
안하무인	110		

갈매기의 꿈 P186

1970년 미국의 소설가 리처드 바크가 발표한 작품입니다. 출간되자마자 세계적 베스트셀러가 된 이 작품은 자유롭게 비행하는 갈매기를 통해 진정한 삶의 가치에 대해 말하고 있습니다.

그리스 로마 신화 P30, P90, P98, P178, P206

그리스 민족이 그리스와 이웃 민족 신화를 종합했고, 고대 로마가 그리스 신화를 체계적으로 정리해 〈그리스 로마 신화〉가 만들어졌습니다. 신화의 주제는 우주의 생성부터 그리스의 역사, 신과 인간들의 이야기 등 다양합니다. 그리스 로마 신화는 서양의 문명과 예술의 발달에 큰 영향을 미쳤으며 오늘날에도 다양한 분야에 영감을 주고 있습니다.

돈키호테 P198

스페인 작가 세르반테스의 작품인 〈돈키호테〉는 기사 소설에 빠져든 나머지 자신을 기사로 착각해 모험을 떠나는 주인공의 이야기입니다. 허무맹랑한 모험담 속에 유럽의 강국이었던 스페인이 힘없이 몰락해 가는 상황을 익살스럽게 표현했지요.

레 미제라블 P10

1862년 출간된 레 미제라블은 프랑스 작가 빅토르 위고가 17년에 걸쳐 완성한 장편 소설입니다. 사람은 모두 동등하다고 여기는 인도주의 사상에 바탕을 둔 이 작품은, 18세기 혼란한 프랑스 사회에 희생되는 서민들의 안타까운 삶을 담아 냈지요. 출간되자마자 베스트셀러가 되었으며, 프랑스에서는 성경 다음으로 많이 읽힌다는 평가를 받기도 합니다. 오늘날 영화, 뮤지컬 등으로 재창조되며 많은 이들의 사랑을 받고 있지요.

리어 왕 P14

영국의 극작가 윌리엄 셰익스피어가 1608년경 발표한 희곡이에요. 〈맥베스〉, 〈오셀로〉, 〈햄릿〉과 함께 셰익스피어 4대 비극이라 불립니다. 한 사람의 인생의 문제뿐 아니라 가정과 국가, 자연과 운명이라는 문제를 압축해 담아 냈지요. 삶에 대한 깊이 있는 성찰이 돋보이는 작품으로 4대 비극 중 가장 진지하고 깊은 세계를 그려 내고 있습니다.

맹자 P54

덕으로 나라를 다스린다는 뜻의 '왕도정치'를 주장한 맹자가, 제자들과 함께 유학 사상에 대해 토론하면서 만든 책입니다. 왕도정치란 통치자의 도덕성에 바탕을 둔 정치로, 시대를 뛰어넘어 우리들에게 시사하는 바가 큽니다.

바리공주 설화 P102

〈바리공주 설화〉는 망자의 넋을 위로하는 굿을 통해 시대와 지역에 따라 다양한 모습으로 사람들의 입을 통해 전해 내려왔습니다. 국문학, 무속학, 민속학의 중요한 연구대상으로 꼽히는 서사무가(무당이 부르는 이야기 형식의 노래)의 하나이지요. 아버지에게 버림받고도 그의 목숨을 구하기 위해 기꺼이 저승행을 택한 바리공주의 이야기가 감동적입니다.

법구경 P74

인도의 승려 법구가 삶의 본보기가 될 만한 석가모니의 말씀을 모아 기록한 경전입니다. 종교적 의미를 넘어 삶의 지침이 될 만한 내용으로 일반인들에게 널리 읽히고 있습니다.

베니스의 상인 P62

1596년경 초연된 이 작품은 상업이 발달한 시기 기독교인과 유대인이 대립했던 사회 분위기를 반영했습니다. 셰익스피어는 샤일록과 판사 포샤를 법정에 세워 복수와 자비를 극적으로 표현해 냈습니다. 인물에 따라 엇

갈리는 희비극을 통해 돈과 명예, 사랑과 우정, 법률과 유대인 문제 등을 조명했지요.

빌헬름 텔 P42
14세기 오스트리아 합스부르크 왕가의 포악한 정치와 싸웠던 스위스의 영웅 빌헬름 텔의 이야기를 희곡으로 만든 것입니다. 프리드리히 쉴러는 이 작품에서 한 사람의 영웅 이야기를 넘어, 자유를 위해 싸우는 민중들의 투쟁을 그리고 있습니다.

사기 P170
중국 한나라 무제 때 사마천이 쓴 역사서입니다. 중국의 시조로 여겨지는 황제부터 한나라 무제까지 약 2,000년간의 역사를 담고 있습니다. 사마천의 아버지 때부터 준비되었던 이 작품은 사마천과 그의 아버지가 중국 각지를 다니며 모은 자료를 토대로 쓰였습니다. 〈사기〉는 이후 중국 역사서의 틀을 마련했다고 해도 과언이 아닐만큼 대표적인 역사서입니다.

삼국유사 P82, P94, P122, P142, P154
〈삼국유사〉는 고려 충렬왕 때 일연이 펴낸 책입니다. 삼국 시대의 신화와 설화를 당시 문헌들을 참고하여 담았는데, 지금은 전하지 않는 문헌들이 많이 인용되고 있어 더욱 중요한 의미를 가지지요. 〈삼국유사〉는 역사, 지리, 문학, 미술, 종교 등 각 분야의 귀중한 자료들이 녹아 있는 문화유산의 보고로 평가되고 있습니다.

삼국지 P22, P34, P86, P150
삼국지의 원래 제목은 〈삼국지연의〉입니다. 중국 역사 소설 가운데 가장 널리 읽히는 작품이지요. 진수의 〈삼국지〉에 나오는 위·촉·오 삼국의 역사를 바탕으로 14세기 나관중이 가공의 이야기를 덧붙여 구성한 것이지요. 유비, 관우, 장비 등 세 인물을 중심으로 중국 패권을 손에 넣으려는 영웅들의 대결이 흥미진진하게 펼쳐집니다. 우리나라의 유교적 이념과도 통하는 부분이 많아 조선 시대 때부터 지금까지 많은 사랑을 받고 있지요.

서유기 P110
7세기 당나라의 현장 스님이 불교 경전을 구하기 위해 인도로 떠났던 역사적 사실을 바탕으로 명나라 때 오승은이 만들었다고 전해집니다. 유교, 불교, 도교와 함께 고대 신화와 전설이 녹아들어 있습니다. 개성 넘치는 캐릭터들이 겪는 모험담을 통해 부패한 정치를 풍자하고, 인간에 대한 깊은 성찰을 보여 줍니다.

성경 P138, P146
성경은 기독교의 경전으로 기독교 전통을 가진 유럽의 역사, 문화에 큰 영향을 미쳤습니다. 유럽 문학의 고전은 물론 그리스 로마의 고전에서도 그 정신을 엿볼 수 있지요. 성경은 기독교의 역사일 뿐 아니라, 인류의 역사라고 할 만큼 세계사에 많은 영향을 미쳤습니다.

손자병법 P114
손자병법은 중국 춘추 시대 때 손무가 지은 고대 병법서입니다. 싸우는 법을 알려주는 병법서임에도 불구하고, 싸우지 않고 승리하는 방법이 중요하다는 내용을 담고 있지요. 고대 중국의 전쟁을 집대성하고 있어 훗날 모든 병법서의 모범이 되었습니다.

수호지 P194
이 작품은 북송 시대 양산박에서 봉기했던 호걸들의 실화를 배경으로, 원나라 말기에 시내암이 쓰고, 이후 나관중이 수정한 작품입니다. 중국의 문화와 역사가 잘 녹아 있는 이 작품은 송나라를 중심으로 당시 사회와 서민들의 삶을 사실적으로 보여 줍니다. 탁월한 인물 묘사와 표현기법은 후대 중국 문학에 큰 영향을 끼쳤습니다.

심청전 P38
조선 시대에 지어진 작자·연대 미상의 한국 고대 소설입니다. 숙종 이후 한글 평민 문학이 번성했을 때 민담과 불교 설화를 바탕으로 만들어진 것으로 추정되고 있지요. 효를 주제로 한 〈심청전〉은 창, 연극 등으로 만들어져 오늘날 우리에게 매우 친숙한 작품입니다.

아라비안나이트 P46, P58, P126, P162
이슬람 문학을 대표하는 아라비안나이트는 〈천일야화〉로도 불립니다. 여성을 불신하는 페르시아 왕에게 현명한 여성인 셰에라자드가 천하룻 밤 동안 다양한 이야기를 들려줍니다. 이슬람 각지의 동화, 여행담, 역사적 일화 등 다양한 내용이 담겨 있습니다.

아Q정전 P158
1920년대에 루쉰이 발표한 이 소설은 중국 신해혁명 시기의 농촌을 배경으로 하고 있습니다. 최하층 농민인 '아Q'의 삶을 이야기하는 이 소설은 당시 중국 사회의 문제점을 솔직하게 보여 주며, 중국 사회가 앞으로 나아가야 할 길을 제시합니다. 중국 현대 문학의 출발을 알린 이 소설은 발표될 당시 많은 비판을 받았지만, 뛰어난 작품성으로 지금까지 높은 평가를 받고 있습니다.

여씨춘추 P182
〈여씨춘추〉는 진나라 재상 여불위가 나라를 다스리는 데 이용할 목적으로 자신의 문객들을 모아 춘추 전국 시대의 모든 사상을 통합시켜 분석한 책입니다. 천문학, 지리학, 음악 등 다양한 분야의 내용이 포함되어 있지요. 여불위는 이보다 나은 작품이 있으면 나와 보라고 큰소리를 칠 정도로 작품에 대한 자신이 있었다고 해요.

열하일기 P190
조선 정조 때 실학자 박지원이 청나라 사신으로 파견되어 여행한 내용을 기록한 일기입니다. 당시 조선 사회의 문제를 신랄하게 풍자해 보수 세력들의 비난을 받기도 했지만, 중국의 역사, 지리, 문학 등 여러 분야를 상세히 기록하여 조선 시대 기행 문학의 새로운 경지를 개척했다는 평가를 받고 있습니다. 조선 후기 문학과 사상을 대표하는 걸작으로 꼽히고 있지요.

오디세이 P18
고대 그리스 시인 호메로스가 기원전 약 700년경에 쓴 작품이에요. 트로이 전쟁을 끝낸 영웅, 오디세우스가 고향에 돌아가기까지의 모험을 그렸습니다. 호메로스가 지은 〈일리아드〉와 함께 그리스 최고의 서사시로 꼽히지요. 그리스 문학과 교육은 물론, 로마 제국을 비롯한 서유럽 문학에도 큰 영향을 주었습니다.

우리 신화 이야기 P78
우리 신화 이야기 속 〈과양생이 부부〉는 제주도 굿에서 불리는 〈치사본풀이〉에 등장합니다. 〈치사본풀이〉는 동정국 황제의 세 아들이 과양생이 부부에게 죽임을 당하는 이야기와 강림이 염라대왕을 이승으로 데려와 차사(죄인을 잡으려고 내보내던 관아의 하인)가 되는 두 이야기로 나눌 수 있지요.

열자 P173
〈열자〉는 춘추 전국 시대 열어구가 지었다고 전해지는 책입니다. 〈노자〉, 〈장자〉 등과 함께 도가 사상을 담고

있는 고전으로 꼽히지요. 재미있는 이야기 속에 도를 설명합니다. 또한 혼란한 시대를 슬기롭게 살아가는 지혜를 담고 있습니다. 도가 사상을 잘 모르는 사람들도 쉽게 이해할 수 있도록 만들어졌지요.

일리아드 P.130

10년에 걸친 그리스군의 트로이 공격 중 마지막 50일간의 사건을 담은 서사시입니다. 〈오디세이〉와 더불어 고대 그리스와 후대 서양의 문화 예술에 큰 영향을 미쳤습니다. 정해진 운명에 굴복하지 않고, 영광스러운 죽음을 택하는 영웅들의 모습을 감동적으로 묘사했습니다.

장자 P.166

장자가 도가 사상을 주장한 여러 사람의 글을 엮은 사상서입니다. 도가가 존중받았던 한나라 초기 도가 사상의 역사적 전개를 살펴볼 수 있습니다. 장자 속 이야기는 교훈의 형태를 띠어 오늘날 현대인들이 안고 있는 여러 가지 문제를 성찰하도록 합니다.

초한지 P.50, P.70

초한지는 명대 후기에 송산서사가 쓴 〈서안연의〉가 원작이라고 전해집니다. 초나라 항우와 한나라 유방의 이야기로 진나라 말기, 진시황의 죽음 이후 한나라가 세워지기까지의 과정을 담고 있습니다. 삼국지나 수호지와 달리 하나의 작품으로 남아 있지 않고, 진 말기부터 서한 초기까지 여러 이야기들을 작가들이 모아 살을 붙여 지어낸 형태로 전해져 오고 있습니다.

춘향전 P.26

조선 영·정조 때의 작품으로 추정되는 〈춘향전〉은 민간 설화로 전해지는 것들이 모여 판소리가 되었고, 이후 소설로 만들어져 널리 읽혔습니다. 오늘날 희곡·영화·뮤지컬 등 다양한 장르로 만들어져 널리 사랑받고 있지요. 주인공들의 신분을 초월한 사랑과 백성들을 괴롭히는 탐관오리, 이에 저항하는 춘향의 모습은 조선 후기 민중들의 꿈을 대변한 민중 최고의 고전으로 꼽힙니다.

타르튀프 P.202

이 작품은 프랑스 극작가 몰리에르가 쓴 희곡으로, 1664년 베르사유에서 처음 공연되었습니다. 발표되자마자 두 번이나 공개 금지되며, 큰 논란을 일으켰습니다. 작품이 쓰일 당시 프랑스의 큰 권력을 행사하던 종교인들의 부패한 생활을 폭로했기 때문이지요. 〈타르튀프〉는 지금도 인기리에 상영되고 있으며, 프랑스에서는 책 제목인 '타르튀프'가 '위선자'라는 뜻으로 통용된다고 합니다.

플루타르크 영웅전 P.106

〈플루타르크 영웅전〉은 고대 그리스의 역사가인 플루타르크가 로마의 영웅들과 위인들의 파란만장한 생애를 다룬 작품입니다. 작품 속에는 정의와 불의, 선과 악, 진리와 허위, 이성간의 사랑 등 인간이 가지고 있는 모든 문제를 보여 주고 있지요. 서양 문명의 뿌리인 고대사를 이해하는 데 중요한 자료로 쓰이기도 합니다.

한서 P.174

〈한서〉는 후한 시대의 반고라는 사람이 중국 문화의 뿌리가 된 전한 시대의 역사를 기록한 역사서입니다. 100편으로 이루어져 있으며 여러 시대를 이야기하는 다른 역사서들과 달리 전한 시대의 역사만 다룬 특징이 있습니다. 문학과 역사가 적절히 결합된 책으로 단순한 역사서가 아닌 하나의 문학 작품으로 평가되고 있습니다.

햄릿 P134

〈햄릿〉은 셰익스피어의 4대 비극 중 하나로 1601년경 만들어진 작품입니다. 덴마크 왕자 햄릿이 자신의 아버지를 죽이고 어머니와 결혼한 삼촌 클로디어스에게 복수하는 과정을 그리고 있지요. 선과 악, 정의와 불의, 사랑과 증오에 대해 깊이 생각해 보게 하는 작품입니다. 셰익스피어의 희곡 중 가장 긴 작품으로, 현재까지 꾸준히 영화나 연극 등으로 만들어지고 있습니다.

홍길동전 P118

17세기 허균이 지은 작품입니다. 중국의 영향을 많이 받았던 이전의 고대소설과 달리, 우리나라를 무대로 순수 한글로만 쓰인 작품으로 한글 소설의 효시가 되었습니다. 한문을 읽지 못하는 서민들에게 널리 읽힌 작품이지요. 신분 차이와 부패한 정치 등 당시 사회 현실에 저항하는 정신이 반영된 소설로 〈구운몽〉, 〈사씨남정기〉 등의 후대 소설이 만들어지는 데 영향을 주었습니다.

흥부가 P66

조선 후기에 발전했던 흥부가는 〈흥부타령〉, 〈박타령〉이라고도 불립니다. 착한 동생 흥부와 욕심 많은 놀부 형제의 이야기로 훗날 이를 바탕으로 판소리계 소설인 〈흥부전〉이 만들어졌습니다. 중요무형문화재 제5호로 지정되어 오늘날까지 전승되고 있지요.